中国露营旅游

制约因素与发展对策

张晓磊 ◎ 著

Camping Tourism in China

Constraints and Development Countermeasures

经济管理出版社

ECONOMY & MANAGEMENT PUBLISHING HOUSE

图书在版编目（CIP）数据

中国露营旅游：制约因素与发展对策/张晓磊著 . —北京：经济管理出版社，2023.9
ISBN 978-7-5096-9305-6

Ⅰ.①中…　Ⅱ.①张…　Ⅲ.①旅游业发展—研究—中国　Ⅳ.①F592.3

中国国家版本馆 CIP 数据核字（2023）第 183976 号

组稿编辑：申桂萍
责任编辑：申桂萍
助理编辑：张　艺
责任印制：张莉琼
责任校对：陈　颖

出版发行：经济管理出版社
　　　　　（北京市海淀区北蜂窝 8 号中雅大厦 A 座 11 层　100038）
网　　址：www. E-mp. com. cn
电　　话：（010）51915602
印　　刷：唐山昊达印刷有限公司
经　　销：新华书店
开　　本：720mm×1000mm/16
印　　张：12. 75
字　　数：236 千字
版　　次：2023 年 9 月第 1 版　　2023 年 9 月第 1 次印刷
书　　号：ISBN 978-7-5096-9305-6
定　　价：78. 00 元

前　言

　　露营旅游作为我国体育旅游的一种新业态，在全民健身和健康中国等国家战略驱动及大众消费升级影响下呈现出迅猛的发展态势。聚焦露营旅游需求侧管理，探析我国大众露营旅游参与的制约因素及制约协商对人们露营参与的影响机制，进一步释放露营旅游消费潜力，推动我国露营旅游消费空间拓展与结构优化升级，强化露营旅游消费提质扩容对体育产业高质量发展的有效支撑，积极融入扩大内需发展战略。

　　本书基于休闲制约理论、社会认知理论等，坚持理论分析与实证分析相结合、定性分析与定量分析相结合，通过对我国大众露营旅游参与进行实证调查与数据收集，综合运用文献法、访谈法、调查法及数理分析法等，探究现阶段我国大众露营旅游参与的各种制约因素，分析露营旅游制约因素对人们露营参与的影响及露营旅游参与的制约协商机制，为我国露营旅游高质量发展提供理论支撑。

　　本书的主要研究结论如下：

　　一是个体对不同层面露营制约因素的整体感知主要体现在六个方面：个体制约维度主要受安全的影响；人际制约维度主要受同伴出行的影响；机会制约维度主要受可自由支配的露营时间的影响；管理制约维度主要受经营性露营的低效供给的影响；环境制约维度主要受环境安全的影响；社会制约维度主要受来自非经营性露营的社会性限制的影响。

　　二是人口统计变量与露营制约种类、程度之间存在密切关系。我国女性露营旅游者在个体制约及环境制约层面明显大于男性，呈现显著性差异；在不同收入露营群体方面，较低收入群体比高收入群体感知到了更多层面的制约影响；在不同学历层次群体方面，随着学历层次的提升，感受到的个体制约、人际制约、机会制约以及管理制约更明显；体验参与以及偶尔参与群体在个体制约和人际制约层面的制约感知与其他群体呈现出差异性，主要源自这两类群体的露营专业化水平较低，未形成稳定的露营旅游偏好。

三是我国大众露营旅游参与受到多维度因素的影响，且影响因素间表现出复杂的交互作用。当前，我国大众露营旅游参与的制约因素主要来自人际制约、环境制约、社会制约及管理制约层面。人际制约、环境制约和社会制约均对露营旅游参与具有显著的负向影响；而管理制约对露营旅游参与具有显著的正向影响。管理制约无形中对露营参与起到了推动作用，看似有悖常理的结论，实质上是露营参与者通过积极协商完成的，即人们通过积极的协商可能只是改变了参与露营的方式、时间或地点，其原因是目前国内的露营管理与服务忽视或未能满足人们的露营旅游体验需求。如果管理制约对人们露营参与没有显著的正向影响，将导致我国露营旅游的野蛮生长及无序发展，这将严重地损害我国露营旅游高质量发展。

四是露营制约、露营动机、制约协商以及协商效能四个维度对人们的露营参与均具有直接或间接的影响，各维度并不是独立影响露营参与的因素，而是相互关联、存在交互作用的。露营制约是露营参与的直接阻碍因素，制约协商、协商效能及露营动机是露营参与的推动因素，但只有制约协商直接正向影响露营参与；协商效能只能间接影响露营参与，可通过露营动机和制约协商中介影响露营参与；露营动机，可通过制约协商间接影响露营参与。露营制约和露营动机对制约协商有积极的影响；协商效能对露营制约具有显著的负向影响，对露营动机和制约协商具有显著的正向影响。

目　录

1 绪论

本章主要基于新发展格局内需战略、体育产业高质量发展等社会发展变革背景，提出本书的研究背景、问题、目的及研究意义。通过对国内外关于休闲制约、制约协商以及露营旅游等方面的研究成果和现状的综合分析与述评，发现与本主题相关研究的不足或研究空间有待拓展之处，从而为本书提供研究思路，并在此基础上，明晰本书的主要研究内容和基本框架。

1.1 研究背景、问题、目的及意义

1.1.1 研究背景

1.1.1.1 多重政策利好引领，推动露营旅游快速发展

近年来，在《关于大力发展体育旅游的指导意见》《关于加快发展健身休闲产业的指导意见》等顶层设计的推动下，我国体育旅游呈现出快速发展态势。同时，随着"健康中国"和全民健身国家战略逐步实施以及供给侧结构性改革的不断推进，我国的体育旅游消费需求呈现出多层次、多元化、个性化的发展趋势。其中，露营旅游消费需求持续高涨，汽车自驾露营比例逐年攀升。我国露营旅游的蓬勃发展得益于各层面多重政策利好的强力推动与有效引领。《国务院办公厅关于进一步促进旅游投资和消费的若干意见》（国办发〔2015〕62 号）明确指出，制定全国自驾车房车营地建设规划和自驾车房车营地建设标准，支持少数民族地区和丝绸之路沿线、长江经济带等重点旅游地区建设自驾车房车营地。

《关于促进自驾车旅居车旅游发展的若干意见》（旅发〔2016〕148 号）提出，重点建成一批公共服务完善的自驾车旅居车旅游目的地，形成网络化的营地服务体系和完整的自驾车旅居车旅游产业链条，建成各类自驾车旅居车营地 2000 个，初步构建起自驾车旅居车旅游产业体系。《国务院办公厅关于加快发展健身休闲产业的指导意见》（国办发〔2016〕77 号）提出，到 2025 年，健身休闲产业总规模达到 3 万亿元的发展目标，并明确指出要组织家庭露营、青少年营地、主题自驾等活动，打造"三圈三线"（京津冀、长三角、泛珠三角，北京至深圳、北京至乌鲁木齐、南宁至拉萨）自驾路线和营地网络。一系列国家政策对我国露营发展体系的规划和营地标准设计激发了露营行业发展的新动能，推动了我国露营消费的不断升级。表 1-1 显示，多重利好政策为我国露营旅游持续快速发展提供了有力支撑。此外，体育旅游领域在宏观政策推动下也呈现出强劲的发展势头，进一步拓展了我国露营旅游的发展空间。《国务院办公厅关于印发体育强国建设纲要的通知》（国办发〔2019〕40 号）提出，要拓展体育旅游等消费新空间，推动与共建"一带一路"国家在体育旅游方面深度合作，打造"一带一路"精品体育旅游赛事和线路。相继发布的《国务院办公厅关于促进全民健身和体育消费推动体育产业高质量发展的意见》（国办发〔2019〕43 号）进一步指出，鼓励体旅融合发展，探索将体育旅游纳入旅游度假区等国家和行业标准；实施体育旅游精品示范工程，打造一批有影响力的体育旅游精品线路、精品赛事和示范基地。《国务院关于印发全民健身计划（2021—2025 年）的通知》（国发〔2021〕11 号）则明确指出，促进体旅融合是推进全民健身融合发展的重要抓手。毋庸置疑，体育旅游正在迈入大发展时代。《中国体育旅游消费大数据报告（2021）》显示，体育旅游市场正在逐步扩大，2021 上半年"体育旅游"搜索热度较 2020 年同期增长了 115%，其中以参与型体育旅游为主，占比 62.8%。参与型体育旅游的迅猛发展亦将催生庞大的露营旅游市场空间。

表 1-1　露营旅游相关利好政策文件

年份	主管部门	政策文件	相关内容
2013	国务院办公厅	《国民旅游休闲纲要（2013—2020 年）》	支持自驾车房车营地等旅游休闲基础设施建设；积极发展自行车旅游、自驾车旅游、体育健身旅游等旅游休闲产品
2014	国务院	《关于加快发展体育产业促进体育消费的若干意见》	在有条件的地方制定专项规划，引导发展户外营地、徒步骑行服务站、汽车露营营地、航空飞行营地等设施

续表

年份	主管部门	政策文件	相关内容
2014	国务院	《关于促进旅游业改革发展的若干意见》	建立旅居全挂车营地和露营地建设标准，完善旅居全挂车上路通行的政策措施
2015	国务院办公厅	《关于进一步促进旅游投资和消费的若干意见》	制定全国自驾车房车营地建设规划和自驾车房车营地建设标准，支持重点旅游地区建设自驾车房车营地。到2020年，鼓励引导社会资本建设自驾车房车营地1000个左右
2016	国家旅游局等十一部委	《关于促进自驾车旅居车旅游发展的若干意见》	大力推广具有自主品牌的休闲、登山、滑雪、潜水、露营、探险等各类户外用品和露营生活方式，推广自驾车旅居车生活新方式
2016	国家旅游局、国家体育总局	《关于大力发展体育旅游的指导意见》	鼓励和引导旅游景区、旅游度假区、乡村旅游区等根据自身特点，以冰雪乐园、山地户外营地、自驾车房车营地、航空飞行营地等为重点，建设特色健身休闲设施
2016	国务院办公厅	《关于加快发展健身休闲产业的指导意见》	组织家庭露营、青少年营地、主题自驾等活动，打造"三圈三线"自驾路线和营地网络
2017	国家体育总局等部委	《汽车自驾运动营地发展规划》	加强汽车自驾运动营地区域协作，协调推进"三圈三线"汽车自驾路线的营地设施建设，积极开展汽车自驾运动营地星级评定工作，普及营地文化，提升消费体验
2021	文化和旅游部	《"十四五"文化和旅游发展规划》	完善自驾游服务体系，推动自驾车旅居车营地和线路建设，认定一批高等级自驾车旅居车营地，推广自驾游精品线路，支持营地合理设置与自驾车旅居车相配套的服务设施
2022	中共中央办公厅、国务院办公厅	《关于构建更高水平的全民健身公共服务体系的意见》	加强冰雪、山地等户外运动营地及登山道、徒步道、骑行道等设施建设
2022	国家体育总局等部委	《户外运动产业发展规划（2022—2025年）》	优化露营产品供给，鼓励开放郊野公园提供露营服务
2022	文化和旅游部等部委	《关于推动露营旅游休闲健康有序发展的指导意见》	为促进露营旅游休闲健康有序发展作出全面部署

1.1.1.2 新发展格局内需战略，释放露营旅游发展潜力

坚持扩大内需战略，形成强大国内市场，积极构建新发展格局是我国发展的长期战略。近年来，在外部环境不确定性加大影响进出口、投资增速放缓且边际效应递减的背景下，我国经济正在发生巨大的结构性变化，从外需导向转向扩大内需提振中国经济越来越成为共识。国际货币基金组织发布的《2019年外部风险报告》指出，中国经济增长不再依赖出口拉动，而转向内需驱动。中国国家统

计局发布的中国经济"半年报"也显示，2019年上半年中国社会消费品零售总额大幅增长，内需驱动成为经济新常态。麦肯锡全球研究院最新编制的"中国—世界经济依存度指数"显示，中国对世界经济的依存度相对有所降低。相反，世界对中国经济的依存度却相对有所上升。自2015年以来的16个季度中，有11个季度中国国内消费占GDP增长总额的比例超过60%。以上都表明，我国经济发展重点正转向内需。

在我国经济正逐步转向以内需驱动为主的增长模式背景下，我国正在经历广泛的消费升级，消费者期待拥有更多、更好的商品和服务选择。目前我国人均GDP已跨越1万美元的关口，已经形成庞大的中等收入群体。参照世界银行的标准，我国中等收入群体大约有4亿人，他们的需求独具特色，具有个性化、多元化的特点，高度重视质量。居民消费正呈现出潜力不断释放、结构持续升级的特点，凸显出我国经济内需驱动力日益强劲，中国已是全世界最大的成长性市场。随着人们健康意识的提升和消费升级，特别是4亿多"90后"迅速成长走向社会，他们更具有社交意识和专业健身需求，户外运动、比赛场所成为他们重要的生活内容（江小涓，2019）。越来越多的人把运动爱好融入旅行，催生了庞大的户外运动旅游市场空间。江小涓指出，在2018年"双十一"期间，从几大电商销售数据中可以看出，体育消费占总额的3%左右，3%正是高收入阶段体育消费占总消费的平均比重。其中垂钓、冰雪、骑行运动、露营、攀岩等运动用品增长较快，户外运动旅游内需呈现总量增加、结构多元、水平提升的态势。《2020汽车自驾运动营地行业发展报告》显示，我国已经进入旅游发展的大众休闲度假爆发阶段，显著的制度优势、广阔的市场空间、强大的发展韧性，夯实了汽车自驾运动发展的基础。随着中等收入群体逐年扩大，个性化、多样化消费需求迭代升级，高端旅游休闲度假消费回流，正在推动自驾露营的快速增长。露营旅游作为户外运动旅游的重要形式，伴随着户外运动旅游的潜力不断释放，呈现出巨大的发展潜能和广阔的发展前景。

1.1.1.3 体育产业高质量发展，亟须露营旅游消费升级迭代

我国已经进入高质量发展新阶段，体育产业的高质量发展是其成为国民经济支柱性产业的内在要求。体育产业高质量发展离不开体育消费持续扩大与升级。在经济发展新常态背景下，我国经济社会发展呈现出消费引领、供给驱动的特征。体育消费作为国家大力提倡发展的新兴消费领域，是现代服务性消费、生活性服务消费的重要内容。体育消费有着显著的特质，它是不断重复性、习惯性消

费，可以成为拉动内需的重要抓手。目前，我国体育消费方式正经历由生存型、传统型、实物型、观赏型向发展型、现代型、服务型、体验型转变，以服务个性化、多样化消费为要义，以消费新热点、消费新模式为内容的消费结构升级，是体育消费发展的重要趋势。服务消费、体验消费已成为体育消费升级的重要领域和方向。但是，现阶段我国体育消费市场发展尚不能有效地满足新时代消费升级、新动能成长、经济转型等的要求，体育消费市场的供给结构、数量和质量，还不能完全适应消费结构加快升级的需要。传统事业体制下一些制约体育产业发展的制度性、体制性痛点、难点和堵点依然存在。新发展格局下，体育消费潜力的持续释放成为体育消费驱动体育产业高质量发展重要引擎。因此，体育产业的高质量发展离不开露营旅游消费空间的持续扩大与消费升级的不断迭代。

1.1.2 研究问题

构建新发展格局以扩大内需为战略基点，扩大内需则以内生消费力为重要基石支撑。以消费为引领，加快内需潜力释放，提升供给体系对国内需求的适配性，充分发挥消费在"双循环"新发展格局中的基础性和引领性作用，实现更高水平的供需平衡是现阶段我国经济高质量发展的本质要求。扩大居民消费，增强消费对经济增长的驱动力不仅是应对国际环境不确定性加大的策略，也是适应我国经济增长以内需驱动的经济新常态的需要。2018 年，全国居民人均可支配收入 28228 元，全国居民人均消费支出 19853 元，消费倾向高达 70.3%，即我国居民平均每人把七成以上的收入用于消费。表明中国居民消费意愿强烈，未来潜在消费市场规模巨大。在促进体育消费推动体育产业高质量发展的大背景下，促进体育旅游提质扩容无疑成为促进体育消费推动体育产业高质量发展的重要抓手。

露营旅游在《国务院关于加快发展体育产业促进体育消费的若干意见》（国发〔2014〕46 号）、《国务院关于促进旅游业改革发展的若干意见》（国发〔2014〕31 号）等一系列政策中都给予了重点关注。露营旅游产业被纳入国家鼓励支持产业目录，得到了各级政府、旅游管理部门和旅游企业的重视。2014 年，露营旅游被列为重点推进的六大消费领域之一，标志着露营产业被纳入国家战略层面。

随着国家政策的大力推动，以及大众健康意识的提升，我国露营旅游开始步入爆发式的发展阶段。但目前我国体育旅游普遍存在冲动消费的特征，消费质量不高。我国露营旅游虽然发展迅猛，但多为依赖资源开发与自发成长的粗放模式，呈现出资本市场无序扩张的态势。露营市场主体专业化程度普遍不高，难以回应露营旅游消费结构不断升级带来的更加专业、更高品质的产品与服务供给需求（张晓磊和李海，2021）。因此，现阶段我国的露营旅游正面临发展质量不高与增长空间巨大的基本矛盾。

体育产业高质量的发展离不开体育消费的推动；露营高质量的发展同样离不开露营旅游消费的有效支撑。面对我国露营旅游发展的基本矛盾，在新发展格局扩大内需战略背景下，亟须聚焦需求侧管理，充分释放露营市场消费潜力，以强化露营旅游消费提质扩容对体育产业高质量发展的有效支撑。因此，聚焦需求侧管理，探析目前人们露营旅游参与过程中所受到的各种制约因素，探讨人们参与露营旅游面临制约所采取的协商策略，并将研究用于露营旅游管理的科学化、促进露营旅游规范发展，以此推动我国露营旅游消费空间拓展与结构优化升级，对体育产业高质量发展形成有力支撑。

本书试图解决的问题如下：

一是目前，人们在露营过程中，存在什么类型的制约因素，这些制约因素对露营参与的影响如何，这些影响因素存在怎样的交互作用关系。

二是对于露营旅游的制约，是否可以变通，即是否存在制约的协商，我国大众露营旅游参与的制约协商机制是什么。

三是基于对我国大众露营旅游参与的制约及制约协商机制的认识与分析，探讨我国露营旅游规范发展可采取何种策略，如何提升我国露营旅游管理与服务的科学化水平。

1.1.3　研究目的

本书的研究运用文献研究、问卷调查、数理统计等定性和定量的研究方法，聚焦人们参与露营旅游面临的制约因素、制约因素对露营参与的影响以及参与露营过程中的制约协商机制，主要拟达到以下研究目的：

一是探索我国大众露营旅游参与的制约与制约协商研究框架。基于休闲制约等理论，探索我国大众露营旅游参与的制约因素，在此基础上构建露营旅游参与制约模型，分析我国露营旅游制约因素对露营参与的影响；并进一步将露营旅游动机、制约、制约协商及协商效能等研究变量纳入露营旅游制约协商模型，探究露营旅游动机、制约、制约协商、协商效能间的交互作用关系及对露营旅游参与的影响机制。

二是探索我国露营旅游科学发展的管理策略，促进露营旅游提质扩容。基于我国露营旅游制约因素对露营参与的影响分析及露营旅游制约协商机制的探讨，探索现阶段我国露营旅游发展的管理策略，以推动我国露营旅游科学、规范发展。

1.1.4 研究意义

1.1.4.1 理论意义

理论意义主要体现在：一是将休闲制约理论应用到国内体育旅游领域，有助于拓展国内体育旅游研究的国际视野。二是对露营旅游制约因素的探讨和制约模型的构建，有助于阐明目前制约我国露营旅游消费的深层次原因。三是构建露营旅游制约协商模型，有助于探究露营旅游动机、制约、制约协商、协商效能之间的关系及明晰我国大众露营旅游参与的制约协商机制。

1.1.4.2 现实意义

现实意义主要体现在：一是充分认识和理解目前国内人们参与露营旅游所面临的各类制约因素及这些制约因素对露营参与的影响机制，促进我国露营旅游规范化发展，反哺露营旅游消费。二是对于露营旅游经营者而言，充分认识和理解制约因素对露营参与的影响机制，有助于露营旅游经营者改进服务，提升消费体验。三是对不同群体参与露营旅游的制约研究，有助于针对不同群体的制约因素精准施策，促进我国露营旅游提质增效。

1.2 国内外相关研究综述

休闲制约研究作为西方休闲学一个重要的分支领域，始于 20 世纪 80 年代初期。Francken 等（1981）在《休闲活动满意度》中最早提及休闲制约，指出内部制约比外部制约更能引起不满；时间、金钱或环境等外部制约阻碍了中等满意度组希望将更多时间花在某些休闲活动上。休闲制约（Leisure Constraints）的概念是在 Crawford 和 Godbey（1987）的《家庭休闲障碍的重新思考》一文中首次出现的。休闲制约是指限制休闲偏好形成或阻碍人们参与并享受休闲的因素。因此，休闲制约研究初期主要聚焦休闲制约因素的研究。随着研究的深入，通过构建模型探讨休闲制约以及制约协商机制成为休闲制约理论研究的主要方向。

1.2.1 休闲制约因素相关研究

Boothby 等（1981）在对人们停止参与体育活动的各种原因研究中，对制约因素进行了初步分类。制约因素可分为个体制约因素、人际制约因素及结构性制约因素。国外对户外游憩活动制约的研究主要是关注结构性制约层面（施林颖等，2014）。户外游憩结构制约因素中，时间（忙于其他工作、活动或休闲）、旅游费用及目的地可达性成为最重要的制约因素。国外学者基于户外游憩的研究归纳出对户外游憩活动强制约因素包括：户外运动的地点太远、活动地点太拥挤、缺乏有关信息、没钱或太昂贵。中等强度的制约因素包括：不知道公园的地点、休闲地点的设备条件太差、没有设备、天气状况、门票太贵。没有交通工具则属于低等强度的制约因素。另外，露营费过高、担心在户外游憩活动中受伤或受到攻击以及缺乏户外游憩活动等因素也成为不同研究中所涉及的结构制约因素。

国内学者对休闲制约的研究始于21世纪初。王玮和黄震方（2006）较早对国外休闲制约研究进行了简要概述，其后我国学者便开启了对休闲制约理论的研究，研究亦主要集中在休闲制约因素方面。邱亚君（2008）将休闲体育制约因素分为四个维度，并提出了相应的理论框架。盖瑞·奇克和董二为（2009）从文化层面将休闲制约因素分为八个维度，并探讨了休闲制约因素与休闲满意度和自主健康的相关关系。宋瑞和沈向友（2014）将我国休闲制约因素分为外界看法和活动场所制约、经济制约、家庭因素制约、时间制约、宏观环境制约、个人制约及易达性制约七个维度，并探讨了不同人群制约因素的差异性。杨丹和张西林（2018）分析了社会适应对个体、人际及结构性制约三类制约因素的影响机制。管菲颖（2020）对上海市自行车旅游者的参与动机和制约因素进行了研究。黄民臣等（2021）通过探索性因子分析和验证性因子分析认为，徒步的制约因素可以分为个人内在因素、人际间因素、休闲设施、闲暇时间、环境状况、经济因素、交通可达性七类维度的制约因素。侯平平和姚延波（2021）通过对城市老年人旅游制约的结构维度探讨，提出了身心安全制约、支持性制约、旅游产品和服务供给制约、目的地属性制约、参与后体验制约五个维度的制约因素。

对众多文献中制约因素的分类统计显示：结构性制约因素出现的频率最高，既反映出对结构性制约因素研究关注较多，也说明此类制约因素最为普遍。其次是个体制约因素，人际制约因素出现的频率最低（施林颖等，2014）。

结构性制约是指那些休闲活动偏好已经形成但是在实际参与之前的因素。结构性制约因素包括费用过高（涉及交通费、设备费、露营费及各种管理费等），缺乏时间，忙于其他活动，信息缺乏，交通拥挤，交通不便，场地/设施拥挤，设施条件差，设施供应不平衡，维护不善，装备缺乏，天气不好，环境问题，距离太远，活动不适宜年龄、性别，活动项目少，活动没有吸引力，标识缺乏、不科学，管理不科学，服务态度差，管理缺乏监管，缺乏服务帮助等。结构性制约因素中费用、时间、交通及场地、设施出现的频率较高，而管理不科学，服务态度差，管理缺乏监管，活动项目少，标识缺乏、不科学等制约因素出现的频率较低。

个体制约是指影响休闲活动偏好的、个体内在的心理品质。个体制约因素包括，不喜欢、没兴趣、没有休闲的习惯、不重视休闲、精力不够、技能缺乏、不自信、尴尬、感到内疚、健康状况限制、担心犯罪、担心动物袭击、以前的受伤经历。在个体制约因素中，健康因素、精力有限、缺乏技能、担心犯罪出现的频率较高。担心犯罪则主要反映在女性的休闲制约因素中，不重视休闲、没有休闲习惯及因休闲感到内疚等出现的频率较低。

人际制约是指那些同家庭、朋友（同伴）及其他人社会交往过程中而产生的休闲障碍。例如，家庭中夫妻休闲偏好不一致时，人际制约可能就会出现，此类制约可能影响另一半的休闲偏好。人际制约因素包括忙于家庭责任，忙于照顾孩子，家人健康状况不佳，照顾疾病、残疾的家人，家人、朋友不支持，配偶、朋友计划冲突，配偶、朋友喜欢的活动不一致，朋友没兴趣、没时间，住太远、精力不够，缺乏同伴，朋友、家人缺乏技能，忙于工作责任，旁人的态度，被歧视，领导的影响等。在人际制约因素中，缺乏同伴出现的频率较高，其次是忙于家庭责任以及朋友、家人的否定态度。朋友住太远、精力不够，照顾疾病、残疾的家人出现的频率较低。

1.2.2 休闲参与相关研究

制约因素对休闲参与影响的探讨是国外休闲制约研究的主要方面。因此，国外众多文献从不同维度对休闲参与进行了较为深入的探讨。

一是休闲活动环境对休闲参与影响的研究。天气是人们参加户外游憩活动的制约因素之一。Catton 和 Mitchell（1983）注意到精准的天气预报对于登山爱好者来说显得尤其重要，天气信息通常是登山爱好者主动收集获得的。天气也能诱发其他一系列环境制约因素，如雪崩、山洪、泥石流等。Hinch 和 Jackson

（2000）指出，天气也有季节性，很多户外游憩活动不能在受到制约的特定时间、地点进行。Virden 和 Schreyer（1988）认为，户外游憩活动需要在不同类型的自然环境中进行（如陆地和水域），户外游憩活动参与者可能对一种环境感到适应，而对另一种环境感到无所适从（因而受到制约）。还有些户外游憩活动环境对一部分人来说是制约因素，而对于另一部分人来说则是参与所需要的（如险要的地貌）。Brown 和 Katcher（1997）发现，户外游憩参与受到个体对于活动以及活动发生地自然环境态度的影响。Coble 等（2003）认为，如果户外游憩活动环境被视为不理想，在那里进行的活动有可能会被取消。Ajzen 和 Driver（1991）指出，对于某一行为的态度和感知的行为控制都可以作为微观的个人内在因素，从而影响户外偏好和参与。Icek 和 Driver（1992）认为，休闲者的经历在个体对某些休闲活动的态度、动机、偏好及最终参与倾向的形成过程中发挥着重要作用。因为某一倾向会引导某个人接近他（她）所喜欢的状态、环境或活动，同时也能够限制或者制约其他的状态、环境或活动。

此外，户外游憩参与还受到个体种族、性别两个因素的同时影响，这些影响通过个体对休闲活动或活动的自然环境的感受表现出来。如 Virden 和 Walker（1999）对大学生户外游憩的研究发现，黑人大学生比白人大学生更觉得森林环境让人感到不愉快、不安全，更感到有威胁。同时也发现，女生比男生更觉得森林环境有威胁感，其不安全感可能来自对自然的恐惧（如偏僻、河流、野兽、天气、自然环境或不可预知的潜在危险），或者针对女性潜在的身体暴力恐惧等。也有研究发现，相对于和同伴共同参加休闲活动，在单独参加休闲活动的环境下，对潜在的身体暴力恐惧更突出，如独自散步或跑步。

户外游憩者与"自然"环境的关系较为复杂，如对某一地方积极或消极的情感。户外游憩环境可能由于某种原因已经被赋予了某种意义，人们对于一些地方具有一种责任感和使命感，尽量保持环境的"原生态"。这种"惜用"可能是决定减少去的次数或甚至完全不再去某一地方游憩，Smith 和 Relph（1976）认为，个体对于某一地方的亲环境行为与对该环境的地方依恋存在正相关。户外游憩者的亲环境行为可能形成某种情境下的自我制约。Walker 和 Chapman（2003）发现，地方感可间接地影响户外娱乐者的意图，从而减少了去那些被感知环境会由于户外游憩造访而受到影响的地方的次数，或者不会再去。因此，户外游憩活动者为了保护某个地方的环境可能抑制个体去参与某一户外游憩活动或去某一地方，或两者兼有。这种自控认知的环境利他主义情感对于考察制约是如何变通的就显得很重要。研究认为，这种自控认知可分为两种类型，即主要控制力和次要控制力。主要控制力是指个体通过影响现实存在（如其他人、环境、行为）来提高他们的回报。次要控制力是指个体通过适应已有的环境使满足度最大化或尽可能维持事物原状来增加他们的回报。Scherl（1989）发现澳大利亚户外游憩者在造访野外时更愿意使用次要控制力，即使他们在日常生活中更具有使用主要控制力的倾向。另外，不同的自我解释可能影响人们对休闲制约的理解和对制约的反应。"相互间"的自我解释推崇归属感，融入和推动他人的目标的实现。在"相互间"的自我解释的研究中，这些个体更注重与他人的和谐关系及履行他们的责任和义务。这种"相互间"的自我解释个体的自我抑制会产生很强的积极情绪，可能是因为这些行为已为个体所内化。

二是社会环境对休闲参与影响的研究。社会环境中拥挤是重要的影响因素，拥挤体现为户外游憩活动的体验质量，拥挤一般影响活动参与而不影响活动参与的选择。许多研究都是以活动越拥挤体验质量就越低的假说为基础来考察拥挤对户外游憩活动满意度的影响。拥挤作为社会环境结构的制约因素，可被看作一种户外游憩活动冲突类型。Jacob 和 Schreyer（1980）把冲突定义为由他人或其他群体引起的目标干涉。一般包括看到太多的人、听到太大声的音乐、汽车的出没、害怕其他人以及得不到去那些渴望的游憩地点的许可等。这些结构制约因素，虽然没有阻止人们参加户外游憩活动，但降低了户外游憩活动的体验质量。研究认为，冲突可以源自游憩活动方式、环境关系、经历的模式和生活方式的忍耐度等方面的差异。冲突产生不愉快会被输入户外游憩参与者的经历史，进而影响他下次户外游憩活动的决策。这种决策会受到个人内在制约的消极影响。即冲突这种结构性制约产生的不愉快经历可能影响他是否参与的决策，最终通过反馈回路成为一个对个体是否参与未来活动或去某个户外游憩场所的内在制约因素。

三是管理制度对休闲参与影响的研究。制度或管理制约既可以是有意识的也可以是无意识的。有意识的制约，如某些区域由于野生动物的出没或其他原因被关闭或对某些游客（如自驾车）实行限制。无意识的制约，如管理制度允许资源破坏、拥挤、游客冲突等现象的存在，户外游憩活动的体验质量将大打折扣，人们将寻找可替代的地方或者改变休闲活动。Floyd 等（1994）指出，管理部门开发了与少数民族不相关的主题。管理部门、社区或企业未能有效或足够关注向游客传达可以获得户外游憩活动的机会，同样导致了缺乏信息这样隐形结构制约的产生。Shinew 等（1995）提出，少数民族或妇女的户外游憩活动也可能受到制度歧视。此外，使用限制或限制选择的直接管理技术也同样会打消游客来该地区的意愿。户外游憩活动的机会供应应该共享。管理部门、社区和旅游企业是共生和合作的关系，若游客和当地居民未能获得更多的这样的信息和机会，则这些部门、企业也是一种结构性制约。

此外，户外游憩活动区别于室内的休闲活动最重要的一方面是户外游憩活动的可达性，即能够到达户外游憩活动地点的可能性。Walker 和 Kiecolt（1995）认为，在"荒野"中，自然环境已经被称为"半自治阶级"所占领。这种"半自治阶级"控制自己如何工作，如科学研究者和大学教授就属于这个群体。Walker 等（2001）指出，过去的荒野使用者把荒野体验作为模仿上流社会的方式，当前荒野使用者也在试图寻找他们工作中所缺乏的自主权。半自治阶级最适合控制荒野，因为他们有能力通过积极参与制定和执行法律法规赋予自然环境以某种意义。荒野和其他的自然环境作为人们竞争的空间亦成为人们户外游憩活动参与的结构性障碍。

根据 Virden 和 Walker（1999）的研究，就户外游憩活动而言，个体对于感知到的约束（如名额限制）的态度和对于感知到的约束来源（如对名额限制管理负责的部门）的态度，可能会出现三种不同的态度和行为反应。个体如果对两种制约因素都持肯定态度，户外游憩参与者很可能顺利地接受制约因素，还有可能将它内化（Ryan et al.，1991）；个体如果对两种制约因素之一持否定态度，户外游憩参与者可能会认为制约因素是一个麻烦；个体如果对两种制约因素都持否定态度，户外游憩参与者可能会拒绝制约，甚至可能出现与管理部门所禁止的方式相类似的行动（如未经许可擅自潜入受限制地区）。另外，个体若有参与户外游憩活动的意图，则会增加他们参与自身所偏爱的户外活动的可能性，Bargh 和 Gollwitzer（1994）把这些计划称为实施意图，认为这些活动意图是非常有价值的，使用实施意图可以增加某人参加户外休闲的可能性。

四是文化对休闲参与影响的研究。文化因素对于户外游憩参与的影响则主要由世界观、活动取向及自身与他人的关系类型（集体主义或个人主义）的差异造成的。西方人可能会表现出：对户外游憩活动的高度个性化追求；多样休闲活动的需求；强调个人征服自然；专注未来活动；趋向主动并努力付诸实践。而东方文化的人则更有可能表现出：一种对户外游憩活动拥有强烈的社会取向，轻视户外游憩活动中的个人追求；一种渴望宁静沉思的经历；专注于传统；重视美感以及与自然的和谐统一。西班牙和拉丁美洲文化的人则会表现出：一种以家庭为主要社会单位的社会休闲取向；专注于放松、宁静和对生活的庆祝，专注于当前的事情而不是过去的经历或不确定的未来；一种增加对自然的理解的环境取向——使人类无法控制自然力。

一个重要的文化特征是自我与他人之间是一个怎样的关系，Markus 和 Kitay-ama（1991）称为"自我解释"，认为来自或者在西欧和北美洲的人可能更具有"独立"的自我解释，而亚洲、非洲、拉丁美洲、南欧人更有可能具有"相互型"的自我解释。"独立"的自我解释群体的休闲参与重视个性、自我表现、努力实现自己目标；而相互型的自我解释群体的休闲参与重视归属感、融入、促进他人目标的实现。相互型的自我解释群体并非关注周围所有人，而是具有高度的选择性和最具群内关系的个性特征。源自不同文化的不同"自我解释"这一微观因素可能不仅通过动机，还会通过其他过程来影响休闲参与，如个体态度、主观标准和行为控制变量可以预测休闲参与偏好。有研究发现，这些变量在不同文化中存在差异，很可能是因为"自我解释"的不同。因此，研究文化、个人内在制约或者可能也包括人际制约与户外活动游憩的关系时，可以把"自我解释"这个变量考虑进去。

此外，民族主义因素也可能影响微观的自我认同，从而影响户外游憩活动参与偏好。民族主义与户外游憩活动参与偏好的关系通过认同这一微观因素起作用。美国民族主义者将自然景观当作一种补偿，国家公园建设则赋予自然环境某种类型的价值观和含义以及对悠久传统的渴望。而这些传统、价值观以及含义有可能与欧美自我认同最密切相关，而与非欧美自我认同关联最少，所以这两个群体的户外娱乐参与偏好也有差异。

随着休闲制约理论的跨文化传播，国内学者通过对本土休闲制约因素研究的深入，也将休闲制约的研究聚焦到制约因素对休闲参与的影响层面。邱亚君和许娇（2014）将女性休闲体育的制约因素分为四个维度，并探讨了各维度对女性参与行为的影响。陈楠和苗长虹（2015）通过建立结构方程模型探讨了制约以及动机对节事参与的影响。杨姣姣（2016）将自驾车旅游的制约因素分为个人休闲偏好与能力制约、人际制约、基础设施制约、经济制约以及旅游资源制约五个维度，并提出了自驾车旅游制约模型。朱志强等（2017）将体育健身休闲制约因素分为个人制约、人际制约、服务管理、环境状况和休闲机会五个维度，并探讨了各维度对体育健身参与的影响。谭建共和严宇文（2018）通过对大学生户外运动休闲的研究认为，个体制约、人际限制、结构性制约与户外休闲运动参加次数存在非常显著的负相关。吴冰倩（2019）对观赏型体育旅游者的观赛动机与限制因素对参与意愿的影响进行了研究。王茹（2019）对女大学生休闲体育制约、行为及休闲体育满意度的关系进行了研究。吴迪（2019）运用休闲制约理论探讨了上海市新生代农民工城市融合对体育休闲参与的影响。孙晓东等（2019）将邮轮游客的参与制约因素分为四个维度，并探讨了各维度制约因素对游客参与意向的作用。

相对国外从不同制约或社会环境角度对休闲参与进行的深入研究，国内基于制约因素的休闲参与研究较为滞后，但近几年相关研究呈现出较快的发展趋势，无疑对我国休闲以及旅游领域制约的研究起到了很好的促进作用。

1.2.3　休闲制约模型相关研究

国外对休闲制约模型的研究起始于休闲制约理论构建的初期。早期的休闲制约模型是简单的"偏好—制约—参与"模型。研究初期使用"Leisure Barrier"一词，即用"休闲障碍"对"休闲制约"进行研究，使研究者将注意力集中在休闲偏好与休闲参与之间障碍的研究。其中两个重要的假设是：第一制约因素是不可逾越的，且以静态方式成为阻止休闲参与的障碍。第二制约因素存在与否可以解释一个人是否参与某项休闲活动。"偏好—制约—参与"的简单模型把出现在偏好与参与之间的制约因素（结构性制约因素）作为唯一重要的制约因素，认为制约因素是人们参与休闲的不可逾越的障碍，但并未考虑个体制约因素、人际制约因素对休闲参与的影响。

20世纪80年代末至90年代初，随着对制约因素研究范围的扩展，西方研究者开始尝试超越简单的"偏好—制约—参与"模式，提出了休闲制约因素等级模型。Godboy（1985）最早得出结论，缺乏意识成为休闲参与与否的关键。从管理的角度而言，企业采取最有效的策略是向还没有参与的人提供休闲活动机会或信息。Crawford和Godbey（1987）的《家庭休闲障碍的重新思考》一文实现了对休闲制约简单模型的重大突破。一是休闲制约因素不仅影响参与休闲活动与否，还影响休闲的偏好，即制约因素可以解释人们为什么缺乏参与休闲活动的兴趣或意识。二是扩大了休闲制约因素的范围，其中一种是个体的"内在制约"因素，另一种是人际间的"人际制约"因素，而且这两类因素严重地影响休闲活动偏好。对于休闲制约因素的三种类型，Crawford等（1991）认为，制约因素是存在序列等级的，个体制约因素和人际制约因素对于休闲活动行为的影响最深刻，而常常在简单制约模型中研究的结构性制约因素对于休闲活动行为的影响最为遥远。休闲制约因素序列等级模型阐述了这三种休闲制约因素在影响人的休闲行为中整体的作用机制过程，即个体制约因素最先影响休闲偏好，并且影响的程度最为深刻，在个体成功克服自身内在的制约因素后，人际制约因素开始影响人的休闲选择，人们随即对人际制约因素进行协商，当人际制约因素被成功克服后，结构性制约因素的影响才显现出来，结构性制约因素的影响是最后才出现的，也是影响程度最小、最容易被克服的。

户外游憩的制约研究是休闲制约研究的主要内容。户外游憩制约模型的原理大多是建立在 Jackson 和 Bnrton（1999）的理论上的。他们的理论主要体现在两个方面：一是认为动机，与个体制约和人际制约一起，会影响个体的休闲偏好。二是人际制约与结构性制约两者都会影响休闲活动参与。户外游憩制约模型，首先增加了先行微观因素和先行宏观因素。先行微观因素包括人类需求、个性特征、态度和信仰、经验及自我说服等；先行宏观因素包括社会经济、文化、社会结构、民族、种族及性别等。先行微观因素和先行宏观因素都直接或间接地通过动机、个体制约或人际制约来影响休闲偏好，并且先行微观因素与先行宏观因素之间是相互作用的。其次增加了环境条件，社会或物理环境条件对休闲行为具有积极意义，并受到先行微观因素、宏观因素的影响。另外，休闲制约协商还以互动的方式受到微观因素及环境承载能力的影响。环境不仅影响休闲偏好，还影响决策过程和参与行为。户外游憩对参与的评价反馈又会影响个体内在的、人际的及结构性制约因素的认知。另外，反馈还会影响个体参加休闲活动的原始动机，以及先前的某些微观因素（如个体经验）。户外游憩制约模型是一个循环反馈的过程模型，模型引入了先行宏观、微观因素，环境条件及参与决策等因素，使户外游憩制约模型更完整地呈现了休闲活动全过程。环境条件与先行宏观因素的引入，更反映出国外学者开始关注宏观社会、文化、环境对休闲参与的影响。

休闲制约模型的不断完善与演进，尤其是户外游憩制约模型的提出，不但进一步完善了休闲制约理论，而且为人们理解休闲的制约及户外游憩的制约提供了良好视角。此外，休闲制约模型促进了休闲制约理论的跨文化传播与研究。我国学者已开始在国外休闲制约模型基础上进行跨文化的初步探索，主要集中在制约因素对休闲参与影响研究层面。

1.2.4 休闲制约协商相关研究

制约协商研究被国内外学术界普遍认为是制约研究的深入阶段。国外学者认为，人们参与活动的制约研究广度不仅包括制约因素的研究，还应包括人们为协商这些制约因素所做的努力；对协商的研究与对制约因素本身的研究同等重要。因此，国外学者将动机、制约协商及协商效能等变量纳入休闲制约协商研究范畴，进一步探讨人们休闲参与的制约协商机制。

1.2.4.1 动机相关研究

动机最初只用于个体参与休闲活动的解释，动机对于制约协商的作用却一直被忽视，在制约研究中并未涉及。Jackson 等（1993）把动机的心理结构以"平衡命题"的形式引入等级制约模型，提出了休闲制约协商模型，即"平衡命题模型"。该模型认为，休闲活动动机对参与、制约及制约协商都有作用，且参与休闲活动的动机与活动制约因素的相对优势及相互作用决定着制约协商过程的开始以及结果。在休闲制约协商模型构建中动机成为重要变量之一，与制约、协商、参与等变量成为休闲制约协商模型中的常见变量。

Hubbard 和 Mannell（2001）进一步研究发现，休闲活动的参与动机与制约没有任何关系，但却与参与度有很高的相关性，即休闲活动的参与动机直接影响参与或者通过协商影响参与，而没有通过制约影响参与。并提出了四种休闲制约协商模型，分别是独立模型、协商缓冲模型、制约缓解模型、感知制约减轻模型。在独立模型中，研究假设活动参与动机、活动制约及活动制约协商之间不存在相互作用关系，且独立对活动参与发挥作用，其中活动参与动机与制约协商对活动参与具有积极作用，活动制约对活动参与具有消极作用；在协商缓冲模型中，假设活动参与动机对活动参与具有积极作用，活动制约对活动参与具有消极作用，活动制约协商对于活动参与没有直接影响，但是活动参与动机对活动制约协商具有积极作用，活动制约协商在活动制约对活动参与的消极影响中起到缓冲或是调节作用；在制约缓解模型中，假设活动动机和制约协商对活动参与具有积极作用，活动制约对活动参与具有消极作用，而活动动机与活动制约都对活动制约协商具有积极作用；在感知制约减轻模型中，假设活动动机和活动制约协商对活动参与都具有积极作用，而活动制约对活动参与具有消极作用，活动动机对活动制约协商具有积极作用，活动协商对活动制约起消极作用。在假设的四种模型中，制约缓解模型获得了较高的支持度，得到了较好的验证。

1.2.4.2 制约协商相关研究

Jackson 等（1993）提出了协商策略（Negotiation Strategy）的概念，并认为协商策略可以分为认知策略和行为策略两大类。Jun 和 Kyle（2011）从社会身份认同、自我身份认同、排他性、消极情感及积极情感五个维度设计了身份认同量表，通过对高尔夫参与者的访谈和问卷调查，构建了身份认同对高尔夫参与者感知制约和制约协商的影响模型。研究结果表明：身份认同与个体活动参与的协商程度呈正相关。Lyu 等（2015）把认知策略、行为策略、承诺、自我身份认同、社会身份认同及持久利益六个变量纳入制约协商模型，研究发现承诺对持久利益、制约协商及身份认同具有积极的作用，社会身份认同和自我身份认同则对深度休闲的制约协商具有积极的作用。

制约协商的认知策略主要用于个体制约的协商，而对于各种人际制约以及结构性制约则主要采用行为策略，休闲制约协商策略的类型相应地对应了休闲制约因素的三种类型。国外学者一般把休闲制约协商策略分为多个维度进行测量，且对于休闲制约协商策略的测量维度达成了较高的共识。休闲制约协商策略的测量维度一般可分为改变意愿、人际协调、时间管理、财务管理、技能获取等几种常见的测量维度。对于不同的休闲活动和群体，每个测量维度下涉及的项目也有所不同。国外学者通常利用李克特五点量表（Likert 5）评分的方法，对各个维度下涉及的具体项目进行量化（见表 1-2）。

表 1-2 国外部分休闲制约协商

研究内容	协商策略	测量维度	测量项目
Jackson 等（1995）根据中学生的休闲制约因素编制的制约协商量表	认知策略	改变休闲意愿	1. 尝试接纳自身的不足；2. 尝试忽略制约因素；3. 试着积极向上
		改变人际关系	1. 寻找志趣相投的伙伴；2. 邀请朋友组成团队
	行为策略	时间管理	1. 列时间清单；2. 尝试更早起床
		改善财务	1. 找兼职；2. 向亲朋好友借钱
		技能获取	1. 寻求专业人士的帮助；2. 尝试反复练习提高技能
Hubbard 和 Mannell（2001）根据企业员工户外游憩的休闲制约因素编制的制约协商量表	认知策略	改变人际关系	1. 寻找有相同兴趣的伙伴；2. 加入具有共同爱好的群体
	行为策略	时间管理	1. 缩短活动时间；2. 尝试早起或晚睡
		改善财务	1. 尝试省钱；2. 选择相对便宜的设备
		技能获取	1. 努力学习新技巧；2. 向专业人士寻求建议

续表

研究内容	协商策略	测量维度	测量项目
Loucks-Atkinson 和 Mannell（2007）根据肌痛综合征病患者的体育休闲制约因素编制的制约协商量表	认知策略	改变休闲意愿	1. 改变参与的体育休闲活动；2. 改变参与的休闲场所
		改变人际关系	1. 寻找志趣相投的伙伴；2. 和患有同种疾病的同伴组队参加
	行为策略	时间管理	1. 制定时间表；2. 专门为参与体育休闲预留时间
		改善财务	1. 尝试省钱；2. 尝试换待遇更好的工作
		技能获取	1. 上培训课；2. 尝试提高技能
		疼痛应对	1. 吃止疼药；2. 使用减轻疼痛的仪器
Loucks-Atkinson 和 Mannell（2007）根据亚利桑那州居民户外游憩活动的休闲制约因素编制的制约协商量表	认知策略	改变休闲意愿	1. 去不太拥挤的地方；2. 去感觉安全的地方
		协商效能	1. 直接经验；2. 间接经验；3. 社会说服；4. 生理/情感反应
		改变人际关系	1. 寻找志趣相投的伙伴；2. 自发组织团队活动
	行为策略	时间管理	1. 缩短活动时间；2. 尝试早起或晚睡
		改善财务	专门预留活动参与资金
		技能获取	尝试反复练习提高技能

1.2.4.3 协商效能相关研究

Loucks-Atkinson 和 Mannell（2007）首先将社会心理学概念——自我效能引入休闲制约协商的研究中，并提出协商效能（Negotiation-efficacy）的概念，即人们运用变通策略成功克服制约因素所具有的信心，并指出四类可量化的指标分别是直接经验（Mastery Experience）、间接经验（Vicarious Experience）、社会说服（Social Persuasion）以及生理/情感反应（Psychological/Emotional Response）。直接经验表述为，个体曾运用变通策略成功克服了制约户外游憩的干扰因素；间接经验表述为，人们身边的人有运用变通策略成功克服制约户外游憩干扰因素的经验；社会说服表述为，人们的社交圈鼓励个体运用变通策略去克服户外游憩的制约因素；生理/情感反应表述为，个体享受运用变通策略克服制约户外游憩干扰因素的过程。研究将协商效能所包括的四种可量化的指标引入休闲制约协商模型的建构中，并提出了四个模型假设。模型1假设协商效能对活动参与没有直接影响，但对制约协商和参与动机有积极作用；模型2假设协商效能对制约协商和参与动机有积极作用，同时参与动机对活动参与也具有积极作用；模型3假设是在模型1假设的前提下增加了协商效能对休闲制约的消极作用；模型4假设是在模型 3 假设的基础上增加了参与动机对活动参与的积极作用。该研究对构建的四种模型假设进行了验证，发现模型 2 假设拟合度最高。根据这一研究结果，提出了另一个休闲制约协商命题即"人们对通过运用变通策略成功克服制约因素的信心越大，参与动机和协商努力就越大，活动的参与度也就越高"。White（2008）在对影响户外游憩休闲参与模型的研究表明，协商效能通过对参与动机的积极作用，可以间接地对活动参与发挥积极影响，同时也对活动动机和制约协商具有积极影响，对休闲制约起到消极作用。Ridinger 和 Lynn（2012）运用快乐、中心性、自我表达、协商效能和承诺五个变量构建的协商效能模型对马拉松参赛者的研究也表明，协商效能对活动参与具有积极的作用。

国内学者随着对休闲制约因素和制约因素对参与影响研究的深入，也将目光转向休闲制约协商研究。张宏磊和张捷（2012）通过对书法景观体验制约的研究，较早地验证了个体、人际、结构性制约三个因素和制约协商的存在。曾秀芹等（2016）探讨了冒险性户外运动的制约因素以及制约协商维度，认为经验水平和性别对限制因素和协商策略有不同程度的影响。周文婷等（2017）认为，意识提高、自我管理、帮助关系、时间调整、环境支持五种制约协商策略能够对马拉松跑步参与的制约因素进行变通。林泓（2019）对城市居民体育健身休闲参与的制约协商机制进行了研究。周良君等（2019）测试了休闲制约协商模型在马拉松项目中的运用，认为人际制约、结构性制约是阻碍马拉松参与行为的主要因素；马拉松跑者在遭遇制约因素时，会在技术、时间、经济方面采取协商策略。马江涛等（2021）探讨了冰雪运动参与者的个体、人际及结构性制约与协商策略的关系，认为个体制约对协商策略具有显著的抑制作用。周美静等（2021）认为，旅游感知制约同时可以通过激发相对应的制约协商策略，化解经济、时间、人际关系方面的制约因素，最终促成居民出游行为。

由于我国休闲制约协商研究起步较晚，所以相关研究内容较为零散，且对休闲制约协商研究较为浅显，未能将更多的相关变量纳入休闲制约协商模型。但同时休闲制约协商研究已呈现出增长的态势，已有研究对我国休闲制约以及制约协商研究起到了很好的推动作用。

1.2.5 露营旅游相关研究

1.2.5.1 国外露营旅游相关研究
在国外，露营作为一种休闲活动有着悠久的历史，它的现代扩张与 20 世纪早期的户外健康和娱乐运动及汽车的发展相联系（Ram and Hall, 2020）。在国外注重休闲的背景下，露营研究也一直受到关注。国外对于露营的研究主要集中在以下几个方面：

1.2.5.1.1　露营者相关研究

一是露营者的动机和偏好研究。露营旅游虽然被认为是一种选择性的旅游形式，但基础设施改善和露营地质量的提升对露营参与者是非常重要的。Triantafillidou 和 Siomkos（2013）发现，露营核心消费体验强烈影响营员的怀旧情绪，进而影响营员的口碑活动和重访意图。Hassell 等（2015）对西澳大利亚州的两个国家公园露营的动机研究指出，露营者的重要的相关动机包括逃离的"推动"因素和体验自然的"拉动"因素。Dickinson 等（2016）对露营游客的移动连接的研究发现，一半的露营者有移动断开的愿望。Kearns 等（2016）对新西兰沿海开放的公共场所而非正式的露营地露营的自由露营者的动机研究指出，露营重视自发性、灵活性和机动性，而非事先的旅游规划，强调露营"自由"的重要性。

二是露营的影响因素研究。Hewer 等（2014）对加拿大安大略省两个省级公园露营者的天气相关决策的研究指出，海滩露营者比森林露营者对天气更敏感，大雨和强风是天气相关决策中最具有影响力的因素。Hewer 等（2017）对露营的制约因素的研究指出，天气和气候是影响露营旅游的重要因素，露营是对天气敏感的活动，很可能受到预计的气候变化的影响。温度成为公园游客数量评价中的最大预测因子。研究认为，游泳运动员更喜欢白天的温度。年龄较大的露营者更喜欢较低的温度，女性喜欢适宜的温度；那些为了到达公园而走了更远的路或者打算待更长的时间的露营者对温度不那么敏感；同样，有孩子的露营者更喜欢适宜的温度；有多高露营经验的受访者更喜欢晚上较暖和的温度。Antaihao 等（2013）对韩国户外露营活动的安全制约因素进行了分类，并在理论分类的基础上对分类进行了相关的改进，分析了激活相关产业、改善露营参与者安全环境的因素。研究指出，缺乏露营安全和预防教育是制约露营旅游安全的主要因素。

三是露营的制约和制约协商研究。Kim 和 Hyounggon（2013）探讨了专业化不同程度的露营者在认知制约与协商策略上是否存在差异。研究表明，有承诺的露营者更有可能练习协商策略。（Moghimehfar and Halpenny, 2016）探讨了动机、意愿、制约及协商等因素对参加环保露营意愿的影响，指出个体通过协商可以减轻制约对亲环境行为的负面影响。Cui 和 Xu（2016）研究了露营参与同休闲制约协商之间的关系。研究表明，快乐和重要性感知对休闲制约协商的人际关系变化、时间和财务管理具有正向影响。同样，积极的露营者比一般露营者对使用不同的协商策略更感兴趣。Jing 等（2017）研究了露营者动机和制约因素如何影响露营地依恋的发展过程，发现与放松和自然欣赏相关的多重动机因素对地点依恋的形成有显著的影响；结构性制约是阻碍地点依恋（地点认同和地点依赖）形成的关键因素。Ram 和 Hall（2020）对以色列经常露营者、偶尔露营者和非露营者等不同群体的露营偏好和障碍差异进行了研究，结果显示非露营者在信息差距（营地位置）和露营设备方面遇到了更多的障碍。

1.2.5.1.2　露营地相关研究

一是露营资源的有效利用和露营设施的供给研究。Leung 和 Marion（1999）对国家公园的保护管理问题的研究指出，空间隔离、空间控制、空间分散及空间配置是公园管理的四种空间管理策略。空间隔离经常以露营限制或关闭的形式应用，以保护敏感的自然或文化资源，并将互不相容的游客活动分开。Margaryan 和 Fredman（2017）认为，露营及以自然为基础的旅游通常被认为是促进区域发展和农村经济多样化的最简单有效的方法。

二是露营地设施和营地建设研究。Brooker 和 Joppe（2013）对露营和户外酒店发展趋势进行了研究，指出户外酒店业包括露营地、房车公园、休闲停车场和豪华露营地，已经从低成本的小众旅游发展成为主流的、多功能的休闲体验，并且将露营重新定位为一种生活方式。

Milohni 和 Bonifai（2014）对露营旅游的全球趋势进行了研究，指出城市化、人口老龄化等趋势正在成为露营地未来发展的关键挑战。品质化的露营产品和创新的露营住宿形式、项目和户外活动是露营可持续发展，保持竞争力的关键。Craig（2019）利用 WPC 框架模型解释了美国两家热门露营目的地的每日露营入住率变化，具体取决于地理位置、气象季节和露营入住类型。Marion 和 Farrell（2002）通过对美国皇家岛国家公园露营地条件和露营地影响管理策略有效性的评价，指出露营影响面积的减少得益于露营地政策、露营地数量的限制、露营地设施的合理使用及营地维护计划等。

1.2.5.1.3　露营社会现象研究

这一方面研究涉及的内容较为广泛，研究内容主要包括两个方面：一方面，是露营与社会发展的研究。Carter 等（2015）通过海滩露营对海滩淡水影响的研究指出，海滩露营对海滩淡水有明显的人为影响。Fumio 等（2019）探讨了亲子露营的生活体验与成年人看护和抚养孩子之间的关系，以及露营体验对育儿支持的贡献。Fieger 等（2020）对 1997~2018 年国际自由露营者对新西兰的经济贡献进行了评估，结果显示自由露营者比住在酒店、汽车旅馆和豪华酒店的游客进行了更多的自由活动。Grande（2021）对露营盈利能力进行了探索，结果显示露营具备高水平的竞争力和绩效。Stevenson 等（2020）提出，用于户外休闲活动或露营的自然区域通常缺乏或没有卫生基础设施，受污染的土壤和水源与胃肠道疾病有关，因此到自然区域的游客可能面临很高的患病风险。另一方面，是露营与政治权利及社会公平、秩序间关系的研究。Park 等（2010）提出社会公平在确定露营等公共自然旅游资源费用水平方面的重要意义，分析了社会公平判断和露营参与价格可接受性的决策过程。Caldicot 等（2018）对澳大利亚东部自由露营者的权利与地方政治的关系进行了探讨。Collins 等（2018）对露营个人自由和社会秩序之间的潜在冲突进行了探讨。

1.2.5.2 国内露营旅游相关研究

由于我国露营旅游发展起步较晚，所以国内学者对露营旅游的研究也开始较晚。同时由于露营旅游属于小众、新兴旅游项目，学者对其关注较少，相关研究较为滞后。目前，国内现有文献主要集中在以下几个方面：

1.2.5.2.1 露营地概况和开发建设研究

国内这方面的研究体现在：露营地概况包括露营的位置、特色（俊丽，2005）、类型（易亚玲，2016；贺伟，2016）以及关于露营旅游论坛、露营旅游的设备以及训练营的情况等；露营地开发建设的研究主要是通过对国内外露营旅游发展现状的对比、分析国内露营发展存在的问题，进而提出露营旅游发展的对策与建议（杨雅莹，2011；王江红，2012；郝娜等，2017），或就露营的空间布局与开发建设进行探讨（吴楚材，1997；杨忆妍，2013）。对于国外露营旅游的经验借鉴指出，欧美国家露营旅游经过长期的发展，无论在规模上，还是在营地建设标准和管理水平上，都发展得较为成熟。体现在选址科学（注重自然、社会及露营者的需求）、产品丰富（注重参与性与体验性，把观光、运动、探险等多种元素融入其中，体现出多元化、参与性的特征）（李俊，2016）、完备的露营功能分区、设施完善、管理规范化与标准化（高林安等，2011）、注重环境保护、经营方式多样化、产品供给多元化、安全管理及时性等方面。国内露营存在的问题主要集中在，基础设施与公共服务体系不完善，营地建设水平参差不齐，产品单一、缺乏特色，配套设施不完善（如维修、加油、金融、安全保障服务等）（王术通，2014），缺乏专业的管理团队，房车发展的制约因素过多（如牌照、高速通行、驾照类别、停车收费类型、车辆保险等），保险、交通等法规政策不完善、运营方式落后等问题。

1.2.5.2.2 露营旅游发展研究

国内的部分文献主要是对某个地区进行露营旅游的 SWOT 分析（谭玉梅，2015a；李东成和郝娜，2017），以及营地开发的初步探索（张婷和覃林华，2009；王兆谦和邹远亮，2016）。此外，焦玲玲和章锦河（2009）聚焦露营旅游的安全问题，探讨了露营旅游安全的内涵、特征及表现类型以及发生的原因，并提出了露营旅游安全保障系统。翟水保（2010）对我国发展汽车露营的需求、现状、存在的问题进行分析研究并提出发展策略。谭玉梅（2015b）则从户外休闲教育的角度，探讨了户外休闲教育在美国休闲活动和户外运动中的重要作用以及对发展中国家露营的启示。王四海等（2016）从多个方面分析了美国露营活动流行的原因及其对我国露营活动开展的启示。吴思阳和李凌（2018）通过对日本露营活动发展现状进行研究，提出我国户外营地建设的发展策略。胡秋红（2018）对我国亲子露营旅游市场的机遇和发展前景进行了探讨。李凤和汪德根（2019）基于游客网络点评对房车营地发展影响因素和机理进行了研究。张督成和徐彬超（2020）对大气运动、海陆位置、地形、地貌及气象灾害对露营旅游的影响进行了分析。张程锋（2021）提出，构建汽车露营地服务蓝图对具体改进汽车露营地服务质量工作具有重要的指导意义。Lee（2020）采用分层分析方法研究了影响我国台湾地区露营旅游吸引力的属性问题，认为目前我国台湾地区露营旅游的发展需要更多的投资来改善基础设施的基本功能，创造更多休闲和社交的配套基础设施，并试图将尽可能多的自然景点融入露营环境。

1.2.5.2.3 露营与社会发展研究

袁维等（2015）采用层次分析法确定指标权重，运用 GIS 的空间信息处理技术综合判读，绘制朗乡自然保护区露营旅游地环境适宜度空间分布图，采用数学模型的方法实现了自然保护区露营旅游环境用地条件的快速、定量评估。刘华先等（2016）认为，露营作为一种生态旅游形式，是世界遗产地等保护区内珍贵资源开发和利用的重要手段，其研究通过层次分析法确定了山地自然遗产露营适宜度评价指标的权重，并利用 GIS 分析了库尔德宁露营适宜度的空间格局。黄平芳（2017）运用典型样地法对武功山景区露营基地的草甸植被进行的研究指出，露营活动对山地草甸植被造成了较为明显的影响，受露营活动干扰后，草甸植被的外观特征变化较大。白鹤举（2019）基于《生态旅游》对生态旅游露营环境责任行为进行了研究。张美菊（2019）认为，房车露营旅游等度假市场新兴业态正成为拉动旅游业投资消费的新热点。

国内对露营参与者行为的研究较少。近年来，露营虽然呈现盛行的发展态势，但对露营者参与行为的研究亦显不足。刘松和楼嘉军（2016）通过采集露营旅游爱好者的数据，实证研究了游憩专业化与休闲制约间的关系。研究认为，个体内在制约与人际间制约对游憩专业化的影响较大，而结构性制约因素对游憩专业化的影响则较弱，说明露营旅游参与受个体参与愿望及与他人之间的互动关系影响较大，而受外在因素的影响较小；露营旅游爱好者的休闲制约对游憩专业化具有较大的负向影响；知识技能、忠诚度与行为较好地反映了露营旅游爱好者的游憩专业化。何秉灿等（2019）对我国台湾地区露营者休闲效益、游憩专门化与游憩环境偏好之间关系进行了研究。林清辉等（2021）研究了我国台湾地区露营参与者的动机、体验及满意度。结果显示，当露营游客积极参与的活动能够满足他们的期望时，体验更积极，满意度更高；游客参加露营活动的体验直接影响到他们的满意度；游客参与露营活动的体验在参与动机和满意度之间起中介作用。

1.2.6 文献述评

1.2.6.1 国外相关研究述评

综合梳理国外学术界关于休闲制约、户外游憩制约的研究发现：

一是过于强调微观的休闲认知，在一定程度上割裂了社会文化因素的影响。休闲制约的形成是个体与社会环境相互作用的结果，个体对休闲制约的感知具有社会文化印记。因此，应拓展研究视域，从社会结构、社会环境等一系列社会文化因素层面对个体休闲行为进行研究，以便更好地理解个体休闲制约形成的社会因素。

二是对不同文化背景下的休闲制约研究较为缺乏。Ito 等（2014）在对非西方和跨文化国家休闲研究的全面回顾中指出，仅有九篇文章关注休闲制约。制约理论作为休闲研究领域领先的理论框架，如果要成为真正的全球性研究，就必须对具体研究领域进行跨文化的研究，以提升制约理论的包容性和普适性。Schneider（2016）进一步指出，休闲制约经历近40年的发展逐步成熟，但对于休闲制约和制约协商的跨文化研究却非常有限。休闲制约理论兴起于西方，所以北美、西欧等少数西方发达国家的休闲理论发展得更为成熟。但由于在西方发达国家休闲已经成为日常生活方式，休闲理念深入人心，在此背景下发展起来的休闲制约理论并不全面，缺乏不同文化背景下的休闲制约理论研究。

三是休闲制约研究方法以数理统计和结构方程模型构建为主。休闲制约协商模型研究主要通过整群随机抽样、问卷调查（包括纸质问卷、电话问卷和邮件问卷）、访谈（包括结构化访谈、半结构化访谈和焦点小组）、建构主义等方法获取数据；使用 SPSS、AMOS、PRELIS 等软件进行模型构建；通过探索性因子分析（EFA）、验证性因子分析（CFA）和结构方程等方法进行数据处理；此外，注重运用休闲学、社会心理学、行为地理学等多学科知识及自我决定理论、自我效能理论等综合理论框架对实证结果进行定性解释。随着研究方法的多元化，与早期国外休闲制约研究过于重视定量分析相比，国外学者逐渐重视定量与定性相结合的研究方法。定性研究的趋势也逐渐缩小了基于社会心理学研究的北美学派与基于社会学研究的英国和西欧学派间的分歧。

露营作为国外休闲的重要组成部分，国外对露营的研究较为系统：一是将露营作为一种社会现象进行研究。研究涉及露营与经济社会发展的关系，露营与社会公平、秩序及政治权利等方面关系的研究。二是对露营目的地的研究。研究内容主要包括露营旅游资源、营地规划以及建设等方面。三是从露营参与者的角度进行研究，这也是国外露营研究的主要组成部分。研究主要包括个体露营的影响因素研究，露营动机、偏好的研究及露营旅游制约与制约协商的研究等。露营旅游制约与制约协商的研究是在休闲制约理论的分析框架内展开的。这为本书对我国大众露营旅游参与的制约与制约协商分析提供了可行性思路。

可以看出，国外学术界对于包括露营这一体育旅游形式在内的休闲制约与制约协商研究已经成为西方休闲学的一个重要分支领域，并建构起较为完善的理论体系和分析框架，但对于跨文化的制约与制约协商研究以及制约因素与社会环境相互作用的研究相对欠缺，这既为本书的研究提供了进一步拓展的空间，也为本书厘清思路提供了理论支撑。

1.2.6.2 国内相关研究述评

从国内文献来看，近几年基于休闲制约理论的相关研究呈现出快速增长趋势，研究以国外休闲制约研究现状、制约因素研究、休闲动机研究的综述以及不同群体的制约因素探讨为主。关于制约因素对休闲参与的影响和制约协商的研究亦呈现出明显加快趋势，但并未进行深入探讨。对于聚焦特定项目群体的制约以及制约协商研究尚未涉及。由于我国露营旅游研究才刚刚起步（2020 年被众多露营爱好者和从业者称为"中国露营元年"），关于露营旅游的理论研究鲜见。

国内关于露营的研究目前主要聚焦在供给层面，研究多侧重于露营旅游目的地供给侧方面，忽视了露营需求侧研究；注重露营的规划与设计研究，对后期的管理与运营关注较少；注重露营开发与建设研究，缺乏露营旅游理论的深入探讨与实证分析；注重露营经济效益视角分析，缺乏露营环境保护与人文关怀研究。目前，国内对于露营旅游研究的不足也为本书的研究提供了良好契机。

基于国内外文献综合梳理分析，本书将在跨文化背景下探讨人们露营参与的制约因素、构建制约模型，探索本土情景下的制约协商策略，拓展休闲制约与制约协商的研究空间。同国外发达国家休闲生活方式普及与个人主义价值观相比，本书以我国现代化进程的社会变革和集体主义价值观为研究背景。同时，当前政府对休闲基础设施投入有限、休闲服务供给相对滞后，人们休闲空间有待提升，因此本书将对影响个体露营参与的社会环境因素给予关注。

1.3 研究对象与方法

1.3.1 研究对象

本书以我国大众露营旅游参与的制约与制约协商为研究对象，主要围绕人们参与露营旅游的制约因素、动机及制约协商等量表的编制与检验，露营旅游制约因素对露营参与的影响机制，露营旅游参与的制约协商模型构建等方面展开。

1.3.2 研究方法

1.3.2.1 文献资料法

本书首先借助上海体育学院图书馆，利用中国知网、读秀、Web of Science 和 Emerald 等中外数据库平台，国外文献以"Camping Tourism""Leisure Constraints""Campsite""Constraints Negotiation"等为检索词，国内文献以"休闲制约""休闲限制""制约协商""户外旅游""露营""野营""露营旅游""汽车露营""自驾游"等为检索词，进行中外文献检索。了解当前国内外休闲制约研究的进展，尤其是国外休闲制约研究的现状，为本书奠定文献基础。其次检索"制约因素""制约协商""自我效能"等关键词查阅相关文献、为探索露营旅游制约协商模型的构建提供有益借鉴。

1.3.2.2 访谈法

通过对露营管理工作人员、露营经营者及露营爱好者进行深度访谈和交流，了解人们参与露营旅游的制约因素、动机及常用的协商策略，为编制我国大众露营旅游参与的制约因素、动机及制约协商等量表提供原始素材。

1.3.2.3 德尔菲法

目前国内学术界对露营旅游参与的动机、制约及协商量表所涉的维度、条目等内容尚未形成统一的认识。通过德尔菲法，主要以国内体育旅游、休闲、旅游领域的专家、教授以及露营机构、协会的负责人为主，在设计专家问卷调查表的基础上，对量表的维度和条目进行两轮专家咨询和修订。对回收的专家调查问卷利用专家积极系数、专家权威程度及专家意见集中程度等对量表的维度和条目进行修订，为实证分析提供可靠依据。

1.3.2.4 问卷调查法

在文献回顾、访谈、小组修订以及专家调查的基础上，形成我国大众露营旅游参与的制约与制约协商研究预试量表，进而设计我国大众露营旅游参与的制约与制约协商研究调查问卷，用于预测试和正式调研。

1.3.2.5 数理统计法

本书涉及的统计方法主要包括探索性因子分析、验证性因子分析、主成分分析、方差分析、结构方程模型等。运用方差分析、事后多重比较 Scheffe 法分析人口学变量在露营旅游各制约因素上的差异性；探索性因子分析、主成分分析主要用于对量表公共因子的探索；运用验证性因子分析检验研究量表因子的信效度、适配度及结构方程模型的数据拟合性；结构方程模型主要用于对构建的露营旅游制约模型以及制约协商模型的验证与修正。

1.4 研究思路、内容及框架

1.4.1 研究思路

本书是在分析国内外休闲制约与制约协商已有相关成果的基础上，在中国文化背景下，以国内大众露营旅游参与的制约因素为切入点，以大众露营旅游参与的制约因素、动机、协商等量表编制与检验为前提，探讨我国露营旅游制约因素对露营参与的影响以及露营旅游参与的制约协商机制，以此为我国露营旅游规范化发展提供理论支撑。本书以对国外休闲制约理论系统科学的认知为前提，以中国特有的社会文化为背景，学习国外综合研究思维，运用休闲学、休闲社会心理学、户外游憩管理等多学科理论解释大众露营旅游参与的制约及制约协商机理。

本书沿着"理论分析→提出假设→实证研究→结论与建议"的技术路线，以休闲制约理论框架为基础探索我国大众露营旅游参与的制约因素，遵循个体制约、人际制约及结构性制约的休闲制约研究主线，在探索性因子分析基础上，实证研究露营旅游制约因素对露营参与的影响，探讨不同维度制约因素间的交互作用。研究进一步将露营旅游动机、制约、制约协商、协商效能等变量纳入我国大众露营旅游参与的制约协商模型，探究不同变量间的交互影响关系及各变量对露营旅游参与的影响机制，在此基础上提出现阶段我国露营旅游规范科学发展的策略。

1.4.2　研究内容

本书以休闲制约理论、社会认知理论等理论为基础，综合运用文献资料法、访谈法、德尔菲法、问卷调查法及数理统计法等，在对我国大众露营旅游参与的制约与制约协商研究量表编制的基础上，通过不同地区的调研，从实证层面分析我国大众露营旅游参与的制约因素，考察人口统计学变量与露营制约种类、程度之间的关系，进而分析露营制约因素对露营参与的影响以及露营制约的协商机制，为我国露营旅游科学、规范发展提供理论支撑。

第1章为绪论。本章对研究的背景、问题、目的及意义，国内外相关研究现状，研究对象与方法，研究思路、内容及框架等进行了系统论证与分析，起到了统领全书的作用，为本书研究的顺利开展奠定了基础。

第2章为概念辨析与理论基础。本章对本书涉及的露营旅游、制约、动机、制约协商及协商效能等相关概念进行辨析，对我国大众露营旅游参与的制约与制约协商研究涉及的主要基本理论进行梳理与分析，为本书提供了坚实的理论支撑。

第3章为我国大众露营旅游参与的制约与制约协商研究量表编制及检验。本章在文献回顾、访谈、小组修订及专家调查的基础上，形成了我国大众露营旅游参与的制约与制约协商研究预试量表。通过小规模预调研，对所得数据进行项目分析、探索性因子分析、验证性因子分析及量表测量题目的信度、潜变量的信度和组合信度进行检验，同时对各量表的收敛效度和区分效度进行验证，最终形成我国大众露营参与的制约与制约协商研究正式量表，为后续实证研究打下了坚实的基础。

第 4 章为我国大众露营旅游参与的实证结果和总体特征。本章首先分析有效样本总体的人口学特征，其次分析有效样本总体的露营旅游参与特征，最后对有效样本露营旅游参与的具体特征进行分析，为后续章节分析我国不同群体露营旅游参与特征、露营旅游制约及制约协商提供参考。

第 5 章为我国大众露营旅游参与的制约因素分析。本章在露营旅游制约因素描述性分析的基础上，遵循制约理论对不同群体进行制约因素差异分析的研究思路，对目前我国不同性别、教育程度、收入、参与频度等露营旅游群体的制约因素差异特征进行了分析，为后续我国大众露营旅游参与的制约和制约协商研究提供了分析基础。

第 6 章为我国大众露营旅游制约因素对露营参与影响的实证研究。本章遵循个体制约、人际制约及结构性制约的休闲制约研究主线，在考察结构性制约因素对个体制约、人际制约的交互影响以及探讨不同制约维度间可能存在的交互影响基础上，构建了我国大众露营旅游参与的制约模型，探析了我国露营旅游制约因素对露营参与的影响关系，为我国大众露营旅游参与的制约协商分析奠定了基础。

第 7 章为我国大众露营旅游参与的制约协商研究。本章将露营制约、露营动机、制约协商、协商效能等研究变量纳入制约协商结构方程模型，探究不同变量间的交互影响关系和各变量对露营旅游参与的影响机制，为深入、客观地分析我国大众露营旅游参与的影响机制提供了理论支撑，为我国大众露营旅游科学发展提供了参考依据。

第 8 章为研究结论、建议、创新、局限及展望。本章对本书整体内容进行归纳与总结，依据我国大众露营旅游制约因素对露营参与的影响和制约协商机制分析等章节内容，提炼了本书的结论，提出了建议，阐述了本书的创新性，并针对本书尚存在的不足，提出了未来的研究展望。

1.4.3 研究框架

在厘清本书的研究思路和内容的基础上，拟定本书的框架结构（见图 1-1）。

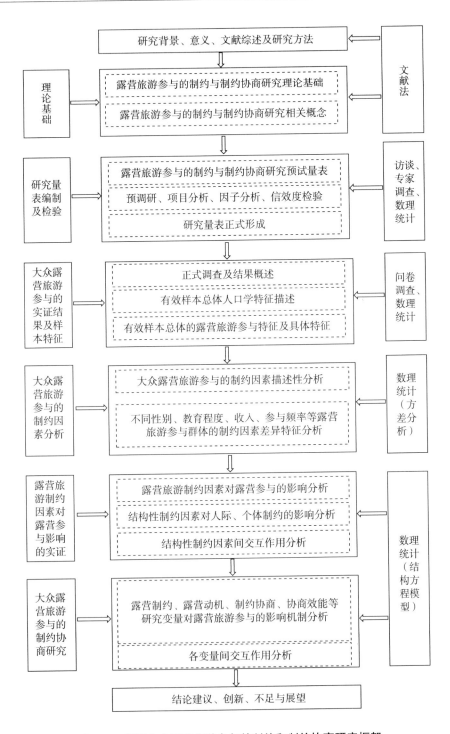

图 1-1　我国大众露营旅游参与的制约和制约协商研究框架

1.5　本章小结

本章从本书研究背景、问题、目的与意义进行展开，在系统评述国内外相关研究现状的基础上，厘清研究对象与研究方法，并对研究思路、研究内容、研究框架进行了系统阐释，以起到统领全书的作用，为后文的研究提供参考。

2 概念辨析与理论基础

本章依据研究框架，对本书所涉及的主要概念进行辨析，并对理论基础进行分析，为后续研究奠定理论基础。

2.1 概念辨析

2.1.1 露营旅游

2.1.1.1 露营旅游的概念

"露"在《辞海》中的一种解释为：露天，在屋外，如露营。《春秋繁露·立元神》记载："虽野居露宿，厚于宫室。""营"在《辞海》中的一种解释为：军队驻扎的地方，如安营、宿营。

现代露营旅游（Camping Tourism）起源 19 世纪 60 年代的美国，其目的主要是提高青少年的健康水平。1910 年"美国露营协会"的前身"美国露营地管理者协会"成立，标志着露营在美国开始成为一个行业（高红香，2011）。1932 年国际露营及露营车总会（FICC）在荷兰成立，标志着世界性的露营活动的兴起，1945 年开始形成露营热潮。随着汽车成为人们生活必不可少的交通工具，徒步露营也越来越多地发展为汽车露营。

国外学者对露营概念的探讨较少。Edward Brooker 等（2012）指出，露营旅游是户外娱乐活动的新形式，是户外休闲活动的重要组成部分。Moghimehfar 和 Halpenny（2016）提出，露营是从在一个基础的帐篷中度过至少一个晚上，到在一个提供全方位服务的露营地豪华房车（RV）或高档木屋，是一项北美流行的娱乐活动。Mikulić 等（2017）认为，露营旅游可以广义地定义为一种以自然为基础的特殊兴趣旅游形式。露营从根本上取决于其住宿设施的灵活性、临时性和可移动性（如帐篷、休闲车辆、移动房屋等），以及其与自然环境不可分割的关系。

在国内，露营是指使用自备或租赁设备，以在野外临时住宿和休闲生活为主要目的的活动方式（国家文化和旅游局，2019）。吴楚材（1997）认为，露营（野营）是户外游憩的一种方式，是暂时离开人口密集的地方或都市，利用睡袋、帐篷、小木屋等在郊外过夜，享受优美的自然景观和大自然的野趣，并参与其他保健、休憩和娱乐活动。杨雅莹（2011）指出，吴文学在中国首届露营旅游论坛中关于露营旅游的定义，即一种不依赖固定房屋等人工设施，以自带设备在野外生活等为目的的自由活动方式，它集观光、健身、休闲、娱乐、体育竞技于一体，目前已成为社会大众积极投入参与的时尚旅游休闲消费行为。焦玲玲和章锦河（2009）认为，露营旅游是旅游者利用自带的设备或在特定的营地，以开展野外停宿、休闲、娱乐、训练等为目的的一种新型休闲活动，是一项包括驾车旅行、露宿营地、垂钓、攀岩、越野、泅渡等的高度综合性的旅游活动。张婷和覃林华（2009）认为，露营旅游是指摆脱传统的住宿方式，主要依赖可移动的设施设备，在户外开展的一种集观光、度假、健身、娱乐等于一体的综合性旅游休闲活动。杨雅莹（2011）认为，露营是指旅游者采用自驾车或徒步等方式自带设备，或利用特定露营地的设备，以开展野外住宿、休闲、娱乐、训练、探险、考察等为目的的一种新型旅游休闲活动。黄圣霞和玉雪（2017）认为，露营旅游是一种户外游憩活动，是在露营地开展野外度假、健身等户外休闲活动的一种自助服务为主的旅游方式。刘峰和柏智勇（2018）认为，露营旅游是暂时性地离开都市，利用自带设备或就地租赁设备，在未开发的空旷野地或经过美化并有各种服务设施的场地开展的野外休闲、观光、度假、健身、娱乐等于一体的综合性旅游休闲活动。

此外，黄海燕和张林（2016）认为，体育旅游三大类中的参与型体育旅游，又被称为运动型体育旅游，是旅游目的地为旅游者提供运动的条件、机会以满足旅游者在旅游过程中参与某项体育运动的行为或经历，以达到健身、休闲、娱乐、求新、求异、求险等不同的目的。运动项目主要为体验性的运动，包括冰雪、水上、山地户外、高尔夫及我国传统的民族民俗运动等。其中，山地户外运动"是在山地中进行的各种户外运动"，包括登山、攀岩、露营等项目。根据这一分类，露营旅游则属于体育旅游三大类之一——参与型体育旅游中山地户外运动的一个小类。这里的露营旅游指的是以露营为目的的户外运动。

曾博伟和张晓宇（2018）将体育旅游划分为体育场馆参观游、体育比赛观赛游和运动休闲旅游（户外运动）三大类，并将运动休闲旅游分为八大类。其中，山地运动休闲旅游一类，包括露营旅游这一形式。这里的露营旅游也是指以露营为目的的户外运动。另外，汽车露营运动休闲旅游被单列为一类，有学者认为，汽车露营是以汽车为交通工具而进行的露营活动。谭玉梅（2015）认为，汽车露营是"以汽车（包括小轿车和房车）为载体，带上露营生活设备，远离自己的居住地到野外或露营地进行两天或者数天的休闲与娱乐活动的度假方式总和"。这里的定义体现出露营旅游的出行方式，以露营为野外临时住宿方式，强调以休闲与娱乐活动为目的。尽管露营在国外的发展业已成熟，但关于露营旅游的概念无论是在国外还是在国内都未达成一致。

目前，权威的概念是2022年文化和旅游部等14部门印发的《关于推动露营旅游休闲健康有序发展的指导意见》中对露营旅游的定义，即露营旅游休闲是指在户外使用自备或租赁设备以休闲游憩、运动娱乐、自然教育等为主要目的，在有明确范围和相应设施的营地场所驻留的活动。综合以上对国内外露营旅游概念的梳理，可以概括出露营旅游的两个基本要素：第一，使用自备或租赁设备，以在野外临时住宿或休闲游憩为主要形式的活动方式；第二，活动以户外运动、休闲康养、自然教育等为主要内容。基于以上认识，露营旅游可定义为，旅游者以徒步、自驾以及其他出行方式使用自备或租赁装备，以户外运动、休闲康养、自然教育等为主要内容，在野外临时住宿或休闲游憩为主要方式的体育旅游活动。

2.1.1.2 露营旅游的分类

国内学者对露营旅游的分类也不尽相同。吴楚材（1997）的分类是，露营按照目的可划分为登山露营、教育训练露营、娱乐露营及休闲汽车露营；按照住宿设施可划分为营帐式露营、拖车式露营及小木屋等营舍式露营；按照露营地的地理位置可划分为河边露营、湖畔露营、海滨露营、山地露营及高原露营；按照露营地的形态可划分为通过型露营、基地型露营及度假型露营。杨雅莹（2011）对露营旅游的分类是，露营旅游按照露营的地点可分为湖泊、滨海、山地、草地、森林、沙漠、果园、古村落、特色乡村等；按照露营的参与群体可分为朋友型、家庭型、同事型、混合型（如驴友、网友）等；按照露营所使用的交通工具可分为徒步、汽车自驾、骑行及包车等；按照露营地条件可分为自然原始型、功能型及完善型等；按照露营旅游不同的表现形式可分为常规型、房车型及特殊形式。倪欣欣等（2016）则从露营地内部和营地类型两个方面对露营旅游进行了分类。按照露营地的内部功能可划分为露营生活区、运动娱乐休闲区及综合服务区。从不同角度又可将露营地划分为不同的类型。按照露营的住宿设施可将露营分为房车露营、自驾车露营、帐篷露营及木屋露营；按照露营的服务设施可将露营分为停靠式露营和综合式露营；按照露营地所处的环境可将营地分为湖（河）畔营地、海滨营地、海岛营地、山地营地、深林营地、乡村营地、沙漠营地、草原营地等；按照露营的目的可分为教育训练营地、登山营地、以娱乐为目的的团体营地、休闲汽车营地；按照露营者的停留时间可分为中转营地、周末营地及长期营地等。目前，国内学者从不同角度对露营旅游进行了分类，为本书进行调研提供了参考。

2.1.1.3 露营旅游的特征

露营旅游的特征表现在以下四个方面：一是自主性与随意性。露营旅游相比传统的旅游更具有随意性和自主性。从出游方式到露营路线、露营点、露营方式、时间安排、消费水平、活动方式都由露营者自主决定，并且可随时改变计划，在出游安排和活动计划等方面完全取决于露营者自身的决定，露营旅游的目的性与过程性没有明显的界限（梁静，2006）。二是市场多元化。湖泊、滨海、山地、草地、森林、沙漠、乡村等具有露营旅游资源的地区都可以成为露营旅游的地点，不同的露营市场供给满足了不同群体多元化、个性化的需求。三是形式、内容的多样化。由于露营出行方式不同，露营提供自驾露营、房车露营、帐篷露营、木屋露营甚至是汽车旅馆等多样化的露营方式，同时由于露营旅游者追求的参与性和体验性，露营旅游业呈现出丰富多彩的活动内容。四是风险系数高。由于露营旅游受天气、气候及户外环境的影响相对于其他传统的旅游活动要大得多，再加之露营旅游者的自主性与随意性较大，更增加了露营旅游活动的风险性，露营旅游的安全问题始终是不容忽视的（焦玲玲和章锦河，2009）。对于露营旅游特征的梳理有助于为本书探讨露营制约因素、动机及协商策略提供参考依据。

2.1.2 制约与动机

20 世纪 80 年代休闲制约研究领域中，最具影响力的是 Crawford 和 Godbey

（1987）对休闲制约概念的界定，他们认为休闲制约是限制休闲偏好形成或阻碍休闲参与的诸多因素。Jackson（2000）发展了休闲制约的定义，认为休闲制约是指限制休闲偏好形成或阻碍人们参与并享受休闲的因素。Jackson（2005）对休闲制约给出了操作性的定义，即限制人们参与休闲活动、使用休闲服务（如公园、项目的限制）或者人们对当前休闲活动享受的各种因素。国内学者王玮和黄震方（2006）将休闲制约的内涵界定为：任何影响主体休闲偏好、休闲决策过程及休闲体验，而导致其无法、不愿意或减少参与休闲活动的因素及其内在制约机制。综上所述，露营旅游的制约可定义为：影响或限制个体露营旅游偏好形成、决策以及体验，导致人们不愿意、无法或减少参与和体验露营活动和服务的各种因素。

动机是一个心理学名词，指的是促进和维持人的活动，并促使活动指向一定目的的心理倾向。动机就是激励人们行动的主观因素，人的各种行为都由动机引起。动机作为人们特定行为的内在驱动力，它影响个体的行为，可以帮助人们获得某些想要的体验或结果，被认为是引起人们特定行为的原因（Crandall，1980；Beard and Ragheb，1983）。自 Manfredo 等（1996）基于 21 个独特的预期体验领域开发了 REP 量表来分析娱乐参与偏好和体验起，大量研究使用了 REP 量表，并证明了其在衡量个人娱乐偏好方面的可靠性。Crandall（1980）将休闲动机定义为刺激人们参与休闲活动的需要、理由或满足。Beard 和 Ragheb（1983）将人们参与休闲的动机分为：享受自然和逃避文明；逃避日常生活和职责；锻炼；创造力；身心释放；社交联系；接触新的人；接触异性；家庭沟通；获得地位；社会权利；利他主义；寻求刺激；自我实现；成就、挑战、竞争；打发时间，避免无聊；唯美主义。Lee 和 Pearce（2004）将动机定义为个人内部的力量，使人们按照特定的目标行动。Norzalita 和 Azmi（2009）将动机定义为一种休闲需求状态，一种驱动和鼓励人类进行休闲行为的内在力量；能促使人们根据情境或活动做出相应的行为，激发偏好，并最终获得预期的满足感。

旅游动机指的是促发一个人有意去旅游及确定到何处去、做何种旅游的内在驱动力。在户外游憩文献中，动机通常被概念化为对户外游憩体验的渴望。Whiting 等（2017）将户外休闲活动参与者的动机分为四个类别：社交互动、身体健康和健身、放松和恢复以及自然互动。由于露营旅游是户外休闲活动的一部分，户外休闲活动参与者的动机为露营旅游动机的探讨奠定了基础。Brooker 等（2012）认为，参加营员的主要动机是到户外享受大自然、呼吸新鲜空气、促进家庭和睦、与他人见面、少付住宿费等。也有学者认为，"逃离日常生活，享受自然"是参与露营的一个有影响力的动机（Brooker and Joppe, 2013; Brochado and Pereira, 2017）。由此，露营的动机可定义为：促发个体有意出游，以满足露营体验的内在驱动力。

2.1.3 制约协商与协商效能

Jackson 等（1993）对休闲制约协商（Negotiation of Leisure Constraints）的概念进行了界定，即在休闲参与过程中尽管存在制约，但个体会通过自身努力使用各种策略来参与他们喜欢的休闲活动，实现休闲参与。也有学者认为，制约协商指个体或集体使用旨在克服或减缓一个或多个制约的策略（Locke, 1987）。由此，露营的制约协商可定义为：个体或集体为了实现露营旅游参与，使用旨在克服或减缓一个或多个在露营旅游参与过程中所遭遇制约的各种策略。

成功的休闲制约协商可能会增强人们对未来制约协商能力的信心，意味着社会认知理论对于制约协商具有潜在效用，即休闲制约协商的自我效能感构建在休闲制约研究中具有积极作用。班杜拉（2018）将自我效能定义为：人们对自己有能力产生指定水平的绩效的信念，这些绩效会对事件产生影响，影响他们的生活。Loucks-Atkinson 和 Mannell（2007）将协商效能定义为：人们对成功运用协商策略来克服他们遇到制约的信心。由此，露营的制约协商效能可定义为：个体成功运用协商策略来克服他们在露营时遇到各种制约的信心。

2.2 理论基础

2.2.1 休闲制约理论

2.2.1.1 休闲制约等级理论

休闲制约等级模型以三个层次休闲制约因素及各种制约因素对休闲参与的影响展开，是目前国内外休闲制约研究的理论基石。在 20 世纪 80 年代初期，Francken 等（1981）和 Boothby 等（1981）最早对活动制约的因素进行了初步研究。关于休闲制约（Leisure Constraints）的研究最初被称为"娱乐参与的制约因素"。在1985～1995年，休闲制约的研究主要体现在北美对于制约因素研究的关注激增。20世纪90年代初，北美权威期刊《休闲科学》《休闲研究期刊》刊出了大量对于休闲制约的研究，关注点主要是如何把对制约的研究用于对休闲服务的提升中，这也奠定了休闲制约理论的基础。

在休闲研究的初期，西方常采用"Leisure Barrier"一词，即"休闲障碍"（Leisure Barrier）对"休闲制约"（Leisure Constraints）进行研究。因为"休闲障碍"，常常将研究者的视角引向休闲偏好和休闲参与之间的障碍，而未能对制约休闲行为作出更合理的解释，从而对于休闲制约的全过程缺乏整体上的把握。20世纪80年代后期，休闲制约替代了休闲障碍成为现在通用的常规术语，在我国台湾地区，学者则常将"Leisure Constraints"译为"休闲阻碍"（曾芬，1988）。Jackson和Burton（1999）用"休闲制约"一词更准确地概括了休闲制约研究的内涵，使研究者认识到更加广泛、复杂的制约因素，而不仅仅局限于休闲偏好和休闲参与之间的障碍。

休闲制约研究初期，研究者的注意力主要集中在休闲偏好和休闲参与之间障碍的研究，并提出了"偏好—制约—参与"的简单休闲制约模型。随着对制约因素范围研究的扩展，西方研究者开始尝试超越简单的"偏好—制约—参与"制约模型。研究表明，缺乏意识成为休闲参与与否的关键。从管理的角度而言，企业采取最有效的策略是向还没有参与的人提供休闲活动机会或信息。Crawford和Godbey（1987）的研究实现了对休闲制约简单模型的超越，他们对休闲制约的理解具有两大重要贡献：一是休闲制约不仅影响参与与否，而且对休闲参与偏好具有影响，即个体对某一活动缺乏意识或兴趣也可以用休闲制约来解释；二是将休闲制约因素由原来的一种（结构性制约因素）扩大至三种，即增加了个体制约因素和人际制约因素，制约因素不仅影响参与而且影响偏好，并且主要通过个体制约因素和人际制约因素的作用严重影响休闲偏好。

Crawford等（1991）认为，制约因素是存在序列等级的，个人制约因素和人际制约因素对于休闲活动行为的影响最深刻，而常常在简单制约模型中研究的结构性制约因素则对于休闲活动行为的影响最为遥远。休闲制约理论的制约因素等级模型为我国大众露营旅游参与的制约因素分析和制约模型构建奠定了理论基础。

2.2.1.2 休闲制约协商理论

在休闲制约等级理论的基础上，国外学者进一步拓展了休闲制约的研究领域，提出了休闲制约的协商。制约协商理论提升了人们对休闲制约的深层认知，亦丰富了休闲制约理论的研究体系。20 世纪 90 年代初期，在一些定性研究中，经常出现人们采用创新的方法来协商所面对的休闲制约。Shaw 等（1991）首次在制约研究中使用"协商"一词，研究论证了人们如何克服以往认为的制约因素而参与到他们选择的休闲活动中。更有研究发现，受制约多的人，往往表现出比受制约少的人参加休闲活动更为频繁，从而质疑了"制约多则休闲少"的假设。

Kay 和 Jackson（1991）的研究发现，制约因素与休闲参与之间并非存在简单的因果关系。人们尽管受制约因素的限制，但人们还是设法参与并享受休闲，参与休闲成功与否及参与情况如何，取决于对制约因素的协商结果，协商常常表现为对休闲的变通而非是简单地取消休闲参与。由此，休闲制约研究进入另一个新的阶段——休闲制约协商研究。根据人们对制约的回应态度，可分为三种类型：一是只要遭遇制约因素，就放弃参与休闲活动的人被称为"消极回应者"；二是尽管遭遇制约因素，但毫不减少、降低参与或是改变参与活动内容的人被称为"成功回应者"；三是对于遭遇的制约因素积极回应，并尝试参与，只是改变了参与休闲方式的人被称为"积极回应者"。

人们的协商能力也与他们所遭遇的制约类型有关。Shaw 等（1991）指出，遭遇如时间、费用、设施质量等制约的个体往往比没有遭遇制约的个体更可能参与休闲体育运动；而对于遭遇精力、健康等制约因素的个体较没有遭遇制约的个体参与休闲体育运动频度要低。也有研究指出，制约很可能会激发协商努力。Hubbard 和 Mannell（2001）指出，具有强动力的参与个体很可能对制约的协商付出更大的努力。一些相关研究也支持了这一结果。

Jackson 等（1993）把动机引入等级制约模型，提出了"平衡命题模型"，认为休闲活动动机对参与、制约及制约协商都有作用，且参与休闲活动动机与活动制约因素的相对优势及相互作用决定着制约协商过程的开始和结果。Hubbard 和Mannell（2001）进一步研究发现，休闲活动的参与动机直接影响参与或通过协商影响参与，而没有通过制约影响参与。即休闲活动的参与动机与制约没有任何关系，但与参与度有很高的相关性。研究提出了四种休闲制约协商模型，分别是独立模型、协商缓冲模型、制约效果缓解模型、感知制约减轻模型。其中，制约效果缓解模型获得了较高的支持度，得到了较好的验证。Loucks – Atkinson 和Mannell（2007）将社会心理学概念——自我效能引入休闲制约协商的研究中，并提出协商效能（Negotiation-efficacy）的概念。研究将协商效能所包括的四种可量化的指标，即直接经验（Mastery Experience）、间接经验（Vicarious Experience）、社会说服（Social Persuasion）以及生理/情感反应（Psychological/Emotional Response）引入休闲制约协商模型的建构中，并提出四个模型假设。研究发现，模型2假设拟合度最高。根据这一研究结果，提出了另一个休闲制约协商命题，即人们对通过运用变通策略成功克服制约因素的信心越大，参与动机和协商努力就越大，活动的参与度也就越高。Son 等（2008）在制约效果缓解模型基础上对美国中老年人在大都市公园参与体育活动进行了扩展验证，提出制约—协商双信道模型。White（2008）对影响户外游憩休闲参与模型的研究表明：协商效能通过对参与动机的积极作用，可以间接地对活动参与发挥积极影响，同时也对活动动机和制约协商具有积极影响，对休闲制约起到消极作用。Ridinger 等（2012）运用快乐、中心性、自我表达、协商效能和承诺五个变量构建的协商效能模型对马拉松参赛者的研究也表明，协商效能对活动参与具有积极的作用。休闲制约协商理论为我国露营旅游制约协商模型的构建提供了理论借鉴。

2.2.2　社会认知理论

社会认知理论形成于20世纪80年代中期，该理论是在社会学习论的基础上建立起来的。社会认知理论是一种理解人类认知、行为、动机和情感的途径。这种理论更加强调个体的信念对自身思想和行为的作用，认为人类能自我反省和自我调控，是环境的积极"改造者"而不是被动的"反应者"（Kay and Jackson，1991）。

社会认知理论的核心是主体能动观。该理论认为，信念能使个体对自身的思想、感受和行动进行调控；人类行为是自我信念和外界环境相互作用的产物，而人类行为又分别影响了外界环境和自我信念；人类是自我组织的、主动的、自我反省的和自我调节的，而不是仅由外界环境所塑造或由潜在内驱力所推动的反应有机体（班杜拉，2018）。

在休闲制约研究中，研究者一直在用定性和多变量的方法来探究休闲制约现象及制约应对的社会认知层面。休闲制约的理论与研究实践显示，制约影响参与的方式是复杂的、动态的，涉及一系列干预变量。社会认知（如动机、协商、自我效能）对于休闲制约及制约协商进程的测试模型中的方法和测量问题是有较大成效的。休闲制约等级理论提出个体制约、人际制约及结构性制约受动机和协商过程驱动是按顺序相互关联（Jackson et al.，1993），这一视角与社会认知理论观点一致。同时，在回应那些妨碍个体的目标情况方面，个体是积极的能动者，而非消极的旁观者（曾芬，1988）。

休闲理论的变通和动机的构建，都是建立在社会认知理论的基础上的，休闲理论提示人们制定活动目标，使人们理解他们遇到的制约和原因，计划和制定使用的策略，从而试图控制自身环境和行为去实现他们的休闲目标。因此，社会认知理论对于露营旅游制约因素的探讨以及制约协商模型的构建都具有重要的理论指导意义。

2.2.3 自我决定理论

社会心理学领域里的"自我决定理论"与"计划行为理论"是两个用于解释和预测行为的主流理论框架（沃克和梁海东，2012）。自我决定理论是由美国心理学家 Deci Edward L. 和 Ryan Richard M. 等在 20 世纪 80 年代提出的一种关于人类自我决定行为的动机过程理论（刘海燕等，2003），该理论认为人是积极能动的有机体，具有先天的心理和发展的潜能。个体能够在社会环境和自身需要的基础上对行动做出自我决定。这种自我决定的潜能可以促使个体从事有益于自身能力发展以及自己感兴趣的活动，这种对自我决定的追求就成为人类的内在动机。

自我决定理论强调人类行为在动机过程中的自我决定程度，认为个体的自我决定能力主要在于对社会环境和自我间相互作用的自主控制，同时也强调社会环境可以通过支持自主、能力、归属三种基本心理需要的满足来增强人类的内部动机、促进外部动机的内化。自我决定理论认为人类的这三种基本心理需要是跨情境、跨文化的普遍存在，是每个个体发展的基本需求。

此外，自我决定理论的分支理论——基本需要理论认为，生理需要和心理需要是普遍被认可的两大需要类型。在休闲领域里，"最佳唤醒"（Optimal Arousal）通常被认为是最重要的生理需要（沃克和梁海东，2012）。如果一个人在被低度唤醒，或者感到很无聊的情况下，他更有可能去寻找那种带给他们新鲜、刺激甚至冒险感觉的休闲活动；相反，如果一个人被过分唤醒了，他或她更有可能去寻找那种能带给他们熟悉、放松和可预知的休闲活动。

研究表明，能力动机与运动变量之间呈现正相关关系，个体在内部动机的驱动下能够在运动中呈现出更好的表现；个体通过对自主、能力、归属三种需求的满足可以表现出积极的行为，获得更大的幸福感与满足感（张剑等，2011）。露营旅游参与实质上是个体在心理、生理需求和动机的共同影响下所呈现的结果。个体面对露营制约所采取的协商策略同样是在心理需求和动机作用下呈现的行为。自我决定理论有助于本书从需求和动机层面去理解露营的参与行为。

2.2.4 自我效能理论

自我效能理论是斯坦福大学教授阿尔伯特·班杜拉（Albert Bandura）在1977年于《自我效能：关于行为变化的综合理论》一文中首次提出的。实际上，效能是一种生成能力，它将认知、社会、行为等子技能组织成整合的行动过程，以服务于多种目的。效能的成功获得需要坚持不懈的努力，经常是在生成和测试了多种行为方式和策略之后而产生的效果。在自我认识的各不同方面中，个人效能的自我知觉或许对人们的日常生活最具影响力，它对行为的影响，在一定程度上独立于支持行为的各种技能。个体能力的充分发挥，既需要技能，也需要有效运用技能的自我效能信念。自我效能感被定义为：人们对自身完成既定行为目标所需的行动过程的组织和执行能力的判断。它与一个人拥有的技能无关，但与人们对所拥有的能力能够干什么的判断有关（班杜拉，2018）。

自我效能是对自己操作能力的信念，自我效能以多种方式影响着人们的心理机能的发挥。在行为选择方面，对自我效能过高的判断，会使个体从事明显的力不能及的活动，遭受失败的打击，容易损伤自信心；而缺乏勇气的自我怀疑，对自我效能作出过低评价，同样也会使个体丧失开发自身潜能和参加活动的机会；最有效的自我效能评价是，任何时候都对自己做出稍微超出个体实际能力的评价，这种评价有利于个体从事具有挑战性的任务，并为个体能力的发展提供了动力。在坚持和努力方面，个体的自我效能感越强烈，坚持的时间会越长，付出的努力也越多。尤其在个体运用已获得的技能时，具有强烈自我效能感的个体的努力程度和坚持时间往往表现得更为突出，这都为克服困难奠定了良好的基础。在思维方式和情感反应方面，高自我效能感的个体面对困难时，能激发他们付出更多的努力，且往往将失败归因于努力问题，而自我效能感低的个体，则常常将失败归因于自身的能力问题。具有强烈自我效能感的个体，往往将自身的注意力和能力用于对环境的要求方面，困难能激发他们付出更多的努力。当他们不能达到目的时，便会增强自己的努力，对失败做出有利于成功的归因，这种充满自信的努力往往使个体获得成功。

自我效能理论有助于对人们露营旅游的参与进行深入理解。目前，我国露营旅游处于起步发展阶段，人们参与露营过程中面临着来自个体、人际及社会环境等不同层面的制约，但人们参与露营的热情却依然高涨，这离不开露营过程中人们对于克服各种制约的信心，即协商效能。因此，在露营制约协商模型中，把协商效能作为一个重要变量引入模型，可以更进一步地明晰露营旅游的协商机制。

2.3　本章小结

本章在辨析露营旅游、制约、动机、制约协商、协商效能等概念的基础上，综合运用休闲制约理论、社会认知理论、自我决定理论及自我效能等理论，分析我国大众露营旅游参与的制约与制约协商的理论基础，为下文从理论与实证层面探究我国大众露营旅游参与的制约以及制约协商模型构建提供了依据。

3 我国大众露营旅游参与的制约和制约协商研究量表编制及检验

本章在文献梳理、访谈、小组初步修订以及专家调查的基础上形成我国大众露营旅游参与的制约与制约协商研究量表预试版，并通过小样本的调研对研究量表进行项目分析、探索性因子分析、验证性因子分析及量表的信效度检验，最终形成我国大众露营旅游参与的制约与制约协商研究正式量表。量表的编制及检验为后续实证研究运用正式量表进行调研奠定基础。

3.1 量表编制的理论依据

露营旅游作为体育旅游的一种形式，也是休闲领域户外游憩的重要组成部分。露营旅游参与过程中会不同程度地受到自身、同伴、社会环境等各种因素的制约，这些制约因子影响着露营旅游偏好的形成或露营旅游参与，进而影响露营旅游体验，并最终对人们露营旅游消费升级造成不利影响。动机作为内在驱动因子，在人们参与特定行为中起重要作用。文献表明，高动机的人在执行一种行为时感受到的制约更少（Hubbard and Mannell，2001；Son et al.，2008）。休闲的参与并不依赖于制约因子的缺失，而是依赖于通过制约变通进行的协商。制约协商在露营旅游参与过程中也是重要的变量。通过制约协商可能会改变参与，而不是取消参与。此外，在露营旅游参与过程中，人们克服制约因素的信心亦成为露营参与的又一个重要因素。进而在相关文献回顾以及主要理论分析基础上，构建我国大众露营旅游参与的制约与制约协商研究量表。

研究量表主要通过以下四个方面确定其主要内容：①相关文献成熟的制约量表、动机量表、协商量表或问卷调查内容的研究；②现有的关于露营旅游制约因子、动机及协商策略的梳理；③对露营旅游管理者、经营者，特别是露营旅游爱好者、参与者的深度访谈；④我国目前露营旅游的现实情况和时代特征。基于以上四个方面，确立我国大众露营旅游参与的制约与制约协商研究量表框架。

3.2　量表维度的确立

休闲制约理论一般将制约因子分为个体制约因子、人际制约因子以及结构性制约因子三个维度。由于不同休闲项目各类制约因子存在差异，因此不同休闲项目的三个制约维度所包含的题项不尽相同，各有侧重。户外游憩由于受到的结构性制约更为复杂，所以对于户外游憩制约的探讨，结构性制约因子往往成为研究的重要内容。户外游憩活动的结构性制约因子一般又可细分为：自然环境制约因子、社会环境制约因子、地理环境制约因子、制度环境制约因子。国内对于休闲制约的相关研究也将结构性制约因子进一步细分，一般分为环境状况、休闲机会及服务管理三个维度。由于露营旅游受到天气、自然环境的安全性、露营地点的可达性及露营旅游相关信息的获得等方面的结构性制约，因此可将露营旅游的结构性制约因子归为环境制约、机会制约、管理制约及社会制约等不同维度。对于户外游憩的动机则一般集中在成就、享受自然、逃避、社交等方面。对于我国露营旅游动机的分析，除了传统的动机维度外，我国的露营旅游动机也体现了体验和健康等动机。对于制约变通的协商则一般分为认知策略和行为策略。对于个体内在制约的协商主要采用认知策略，而对于各种人际关系的制约和结构性制约主要采用行为策略，一般有五个维度。

基于以上分析，本书初步将露营旅游制约量表的维度确定为六个维度，分别为个体制约、人际制约、机会制约、管理制约、环境制约、社会制约；将露营旅游动机量表的维度确定为五维度，分别为享受自然、逃避、社交、体验、健康动机；将露营旅游协商量表的维度确定为五个维度，分别为意愿管理、人际管理、时间管理、财务管理、技能管理。露营旅游参与的制约与协商研究量表最终维度确定还需运用数理统计等方法对量表的各个题项进行评价删选之后最终确定。

3.3 量表备选条目池确定

3.3.1 文献回顾

备选条目池的确定同露营旅游制约研究的量表维度确定过程相似：①通过对相关文献的收集与梳理，对比已有的制约量表和调查问卷的内容，选取国外引用率高，信度、效度较好的成熟量表中因子载荷较高的制约因子、动机和协商策略条目作为研究备选条目池的初始题项。Godbey 等（2010）在对休闲制约模型评价的研究中指出，开发一个制约项目库是有价值的，研究人员可以对制约项目进行调整以满足他们的研究需求。条目的选取基于休闲参与、户外游憩及露营相关文献的研究。露营旅游制约因子选取的初始条目主要来自（Raymore et al.，1993；Hinch and Jackson，2000；Hubbard and Mannell，2001；Coble et al.，2003；White，2008；Moghimehfar and Halpenny，2016；Mikulić et al.，2017；Ram and Hall，2020）；露营旅游动机选取的初始条目主要来自（Hollender，1977；Ajzen and Driver，1991；Jackson and Henderson，1995；Manfredo et al.，1996；Hubbard and Mannell，2001；Loucks-Atkinson and Mannell，2007；White，2008；Moghimehfar and Halpenny，2016；Brooker et al.，2012；Brooker and Joppe，2013；Brochado and Pereira，2017）；露营旅游协商策略选取的初始条目主要来自（Jackson and Henderson，1995；Hubbard and Mannell，2001；Loucks-Atkinson and Mannell，2007；White，2008；Tian and Schneider，2015）。在选取条目的过程中，考虑到条目跨文化的等价性，条目的选择以文献中量表的中文翻译版本为基础，以英文呈现的文献被翻译成中文时遵循了回译的程序，并进行了双语讨论以及较小样本的预测试，以提高语义的等价性（Tian and Schneider，2015）。②在学术文献研究的基础上，本书同时参考了有关体育旅游的专著以及网络社群资料，从中进一步探析、洞察露营参与者的动机，露营旅游时可能会遇到的各种制约及面对制约时可能采取的协商策略，提取露营旅游特有的制约、动机以及协商条目，从而确定能够反映本书的研究量表各个维度内涵的具体条目。

3.3.2 访谈情况

访谈的对象主要聚焦在露营管理人员（5 名）、露营经营者（7 名）和露营参与者（11 名）。对露营管理人员访谈的问题是：在日常工作、调研过程中，您认为露营参与者对哪些方面的问题反映得较为集中，请从管理、服务、保障、应急预案等方面谈谈您的看法。对露营经营者访谈的问题是：在日常经营以及与露营参与者接触的过程中，您认为露营参与者在露营过程中遇到的问题主要集中在什么地方，请从露营信息获取、露营活动、露营环境、露营管理、露营服务等不同方面谈谈您的看法。

对于露营参与者的访谈主要包括以下内容：①您为什么会选择露营旅游，您在参加露营旅游之前（后）有没有参与过其他形式的户外（运动）旅游，您认为露营旅游最吸引您的是什么。②和其他户外（运动）旅游相比，您认为参与露营哪些方面是您最看重的，是什么原因让您参与露营而不是参与其他户外旅游，您对户外露营有什么样的期望。③在制订露营计划或在露营前的准备过程中，您主要考虑哪些因素。④当您的露营计划不能顺利实施时，您会怎么做，您有过改变或取消露营计划的经历吗，是什么原因让您改变了露营计划，您对露营计划都做了哪些方面的改变，是出于怎样的考虑做出这些计划改变的，是什么原因让您取消了露营计划。⑤在您参与露营过程中，您会遇到哪些困难（障碍），当遇到这些困难（障碍）时，您是主动克服还是回避。这些困难（障碍）哪些是您能够克服（变通）的，哪些是您不能克服（变通）的。您会为了参与露营而克服一些困难吗，什么原因能够促使您为了露营而克服这些困难。您认为能够克服（变通）的这些制约因子，您一般会采取怎样的方法，您有信心克服这些困难而参与露营吗。

通过对露营管理者、经营者及参与者访谈内容的归纳总结，选取访谈对象表述内容相对集中的制约因子、动机及协商策略纳入量表备选条目池，主要包括制约因子中的人际制约因子、结构性制约因子、动机中的体验及健康等条目。

3.3.3 量表备选条目池形成

通过文献回顾和访谈两个步骤，初步形成 6 个维度，共 35 个条目的露营旅游制约量表条目池；形成 5 个维度，共 18 个条目的露营旅游动机量表条目池；形成 5 个维度，共 22 个条目的露营旅游制约协商量表条目池。

3.4 量表备选条目池修订

3.4.1 备选条目小组初步修订

以量表条目简洁、易懂、规范为原则，经过研究小组例会讨论，对露营旅游制约研究的量表条目分别予以修订。对于露营旅游制约量表备选条目的修订内容如下：在个体制约维度中，将"没有安全感"修订为"缺乏足够的安全感（如野营担心受到动物伤害等）"；将"缺乏露营有关活动所需的技能"修订为"缺少露营技能"；将"害怕户外受到伤害"修订为"担心受到别人骚扰、伤害"。在人际制约维度中，将"配偶、朋友喜欢其他活动"修订为"配偶、家人不同意或不支持"；将"朋友住得或工作得太远"修订为"我认识的人都住得或工作得离我很远"。在机会制约维度中，将"有关露营的信息较少"修订为"获取合适的露营地信息困难"。在环境制约维度中，将"天气状况不理想"修订为"难以预测的天气状况"；将"露营的自然环境不理想（地形复杂，易迷失方向、碰见蛇；被蚊虫叮咬，受到动物惊吓；露营室内或户外的舒适程度差等）"修订为"露营地潜在的危险（如河水暴涨、山体滑坡等）"。

对于露营旅游动机量表备选条目的修订内容如下：在享受自然动机维度中，将"亲近、回归大自然"修订为"亲近大自然"；"观看风景"修订为"欣赏自然风光、景点或难得一见的景观（如云海、日出等）"；"享受大自然的声音和气味"修订为"享受大自然的声音、气味，呼吸新鲜空气"。在逃避动机维度中，将"远离日常生活"修订为"远离日常工作、生活"；"体验独处"修订为"享受无拘无束、放松的状态"。在社交动机维度中，将"为了和有相同露营爱好的人在一起"修订为"增强人际交往"；将"和家人或朋友在一起"修订为"和亲朋好友在一起"（如带孩子进行户外活动）。在体验动机维度中，将"为了体验新事物"修订为"体验原生态的生活方式"；将"参与露营地的休闲娱乐活动"修订为"参与露营地的休闲娱乐活动或使用相关设施（如素质拓展、儿童游乐设施以及各种户外运动等）"。

对于露营旅游制约协商量表备选条目的修订内容如下：在意愿管理维度中，

将"尝试接纳身体状况的不足"修订为"尝试忽略身体状况不佳、技能欠缺、别人异样的眼光等问题，保持积极向上的心态"；将"改变参与露营的活动场所"修订为"改变露营旅游的地点（如去安全、有保障、不太拥挤的地方露营）"。在时间管理维度中，将"缩短活动时间"修订为"尝试压缩露营活动的时间或行程"。在财务管理维度中，将"找兼职或尝试换待遇更好的工作"修订为"找兼职或用其他方式增加收入"；"尽量做好预算"修订为"做好预算、量力而行"。在技能管理维度中，将"寻求专业人士的帮助"修订为"在必要的露营技能上寻求帮助"。

经过研究小组成员例会集中讨论修订后的量表条目池同样包括 6 个维度，共 35 个条目的露营旅游制约量表条目池；5 个维度，共 18 个条目的露营旅游动机量表条目池；5 个维度，共 22 个条目的露营旅游制约协商量表条目池。

3.4.2 量表的专家咨询及修订

本书咨询的专家组成员主要以国内体育旅游、休闲、旅游领域的专家、教授及露营机构、协会的负责人为主，量表条目筛选采用德尔菲法，进行两轮的专家咨询和修订。

3.4.2.1 专家基本情况

为保证量表条目池设计的客观性和科学性，本书咨询的专家共有 14 名，分别来自北京、上海、浙江、陕西、广东、云南、江苏等 8 个省市相关领域的专家。共发放问卷 14 份，回收问卷 14 份，回收率为 100%。其中有效问卷 12 份，无效问卷 2 份。有效问卷中，博士学历 10 名，硕士学历 2 名；正高级职称 7 名，副高级职称 3 名，其他 2 名；所有专家的工作年限均在 5 年以上，工作单位为高等院校、科研院所的有 10 名，政府机构、协会的有 2 名。

3.4.2.2 专家咨询表

在确定量表初始条目池以及专家组成员的基础上，制定专家咨询表。采用 Likert5 级评分法，对每项备选条目，依据很重要（5 分）、重要（4 分）、一般（3 分）、不重要（2 分）、很不重要（1 分）逐一进行评价，并对量表维度、条目的修改提出相应的建议或说明。

3.4.2.3 主要评价指标

本书的研究量表修订采用的德尔菲法中参考的评价指标主要是专家积极系数、权威系数、专家的意见集中程度及协调系数。

3.4.2.4　第一轮专家咨询结果

第一，专家积极系数是对专家咨询意见回收情况的整体描述，即对各问题评价的专家数量与总数量的比值。共发放问卷 14 份，回收的问卷中有两名专家的问卷为无效问卷，故本次咨询的专家积极系数为 85.7%，当该系数在 70% 以上时可以认为该咨询结果是可行的（Shariat et al.，2009）。

第二，专家的权威程度：$Cr = (Cs + Ca)/2$，其中 Ca 表示对条目的判断依据，按常规分为理论依据、实践经验、国内外资料、直觉四类，影响程度为大、中、小，分别赋值。Cs 表示专家对条目的熟悉程度，分为五个等级，用 1、2、3、4、5 赋值，Cr 权威系数大于等于 0.7 为可接受的系数，本书的专家权威系数为 0.74，满足本书的研究需要。

第三，专家意见集中程度用条目均值和满分频率来表示（王春枝和斯琴，2011）。量表条目的平均值越高，满分频率越大表示条目越重要，其分值应分别高于 4 和 0.5。两项分值有一项分值达不到标准，则需删除（见表 3-1）。

表 3-1　我国大众露营旅游参与的制约、动机、制约
协商量表条目池专家意见集中程度（N=12）

维度/条目	平均值	满分比	筛选结果
个体制约			
1. 缺乏足够的安全感（如野营担心受到动物伤害等）	4.75	0.83	保留
2. 缺少露营技能	4.67	0.75	保留
3. 担心露营会给环境带来破坏和污染	4.28	0.58	保留
4. 露营装备收拾起来太麻烦	4.67	0.67	保留
5. 担心户外出现意外得不到及时救护	4.17	0.58	保留
8. 担心受到别人骚扰、伤害	4.65	0.58	保留
9. 没有太大的兴趣	4.42	0.50	保留
人际制约			
2. 没有同伴或朋友一起去	4.83	0.83	保留
3. 配偶、家人不同意或不支持	4.67	0.67	保留
4. 受家人以及生活圈子的影响（如周围没有人参加或邀约一起参加露营等）	4.75	0.75	保留

续表

维度/条目	平均值	满分比	筛选结果
5. 得不到专业人员的指导与帮助	4.42	0.58	保留
7. 由于评价不好或网络推荐不佳	4.33	0.50	保留
机会制约			
1. 获取合适的露营地信息困难	4.67	0.67	保留
3. 露营地太远	4.50	0.50	保留
4. 露营出游的费用太高	4.58	0.58	保留
5. 交通不便利（如交通不便、拥挤或是路程较远）	4.33	0.42	删除
6. 缺少可自由支配的露营时间	4.42	0.50	保留
7. 免费的公共露营地太少	4.52	0.50	保留
管理制约			
1. 露营基础设施、配套条件太差	4.17	0.58	保留
2. 露营费太贵或不合理	4.92	0.92	保留
3. 露营地相关管理太差	4.92	0.92	保留
环境制约			
1. 难以预测的天气状况	4.75	0.75	保留
2. 露营地潜在的危险（如河水暴涨、山体滑坡等）	4.83	0.83	保留
3. 露营地生态环境遭到破坏	4.50	0.50	保留
4. 露营卫生状况差	4.58	0.58	保留
社会制约			
1. 营地人多，活动拥挤	4.58	0.58	保留
2. 营地太吵（尤其是晚上）	4.92	0.92	保留
3. 适合的露营地点不让进入	4.58	0.58	保留
4. 营地过多的限制（如不让用火，禁止自驾露营进入等）	4.83	0.83	保留
享受自然动机			
1. 亲近大自然	4.67	0.67	保留

续表

维度/条目	平均值	满分比	筛选结果
2. 欣赏自然风光、景点或难得一见的景观（如云海、日出等）	4.75	0.75	保留
3. 享受大自然的声音、气味，呼吸新鲜空气	4.42	0.58	保留
逃避动机			
1. 远离日常工作、生活	4.67	0.75	保留
2. 享受无拘无束、放松的状态	4.67	0.67	保留
3. 远离城市压力	4.83	0.83	保留
社交动机			
1. 增强人际交往	4.92	0.92	保留
2. 和亲朋好友在一起（如带孩子进行户外活动）	4.67	0.67	保留
3. 丰富人际情感	4.58	0.67	保留
体验动机			
1. 体验原生态的生活方式	4.42	0.67	保留
2. 体验新鲜或刺激	4.17	0.58	保留
3. 跟随时尚，追求潮流	4.17	0.33	删除
4. 感受不同地方的文化、风土人情	4.00	0.33	删除
5. 体验在自然环境里过夜	4.42	0.50	保留
6. 参与露营地的休闲娱乐活动或使用相关设施（如素质拓展、儿童游乐设施及各种户外运动等）	4.67	0.50	保留
健康动机			
1. 放松，缓解工作、生活压力和紧张	4.58	0.50	保留
2. 愉悦心情，增进健康	4.67	0.75	保留
3. 保持良好的精神状态	4.58	0.67	保留
意愿管理			
1. 尝试忽略身体状况不佳、技能欠缺、别人异样的眼光等问题，保持积极向上的心态	4.33	0.42	删除
2. 改变露营旅游的地点（如去安全、有保障、不太拥挤的地方露营）	4.42	0.50	保留

续表

维度/条目	平均值	满分比	筛选结果
3. 改变露营旅游的时间（如错峰出游，避开露营高峰期；等到天气好的时候再露营）	4.67	0.67	保留
4. 改变露营的活动（如参加不拥挤的活动，参加更适合自己的活动）	4.33	0.50	保留
人际管理			
1. 带着家人一起去露营	4.50	0.58	保留
5. 和其他人一起露营，让我感觉更安全	4.08	0.42	删除
时间管理			
1. 提前安排露营计划	4.50	0.50	保留
2. 专门为露营预留时间	4.58	0.58	保留
3. 制定露营时间清单	4.67	0.75	保留
4. 尝试早起或晚睡给露营留出更多的时间	4.33	0.42	删除
5. 尝试压缩露营活动的时间或行程	3.67	0.42	删除
财务管理			
1. 找兼职或用其他方式增加收入	4.25	0.42	删除
2. 选择相对便宜、适合的露营方式或活动	4.50	0.50	保留
3. 做好预算，量力而行	4.75	0.83	保留
4. 专门留出钱来露营	4.75	0.75	保留
5. 向亲朋好友借钱	3.17	0.25	删除
技能获取			
1. 尝试练习，提高露营所需技能	4.50	0.50	保留
2. 学习露营所需的新技能	4.58	0.58	保留
3. 在必要的露营技能上寻求帮助	4.92	0.92	保留

第四，在本轮的专家咨询中，集中对专家的修订意见进行归纳整理，根据专家对量表条目的修改意见，对量表条目进行修改、合并的修订（见表3-2），以便于第二轮专家咨询表的制定。

表3-2 第一轮专家咨询修订意见汇总（N=12）

维度/条目	专家意见及修改	筛选情况
个体制约		
6. 认为露营不符合自己的身份（尤其是帐篷露营）	由于露营旅游的多元化，认为不符合自己的身份的个人内在制约不具普遍意义	删除
7. 由于露营未能照顾家庭而感到内疚	旅游在国内已是常态，且国内旅游并非同国外旅游时间较长，此项个人内在制约意义不大	删除
10. 以往露营经历不好，不愿再参加	如果没有露营经历，而是第一次参与，此项将失去测量意义	删除
人际制约		
1. 忙于家庭责任（如照顾孩子、家人等）	此项制约因子可能存在于小部分人群中，而非一般群体中	删除
6. 我认识的人都住得或工作得离我很远	根据当前我国居住和交通情况，此项人际间制约因子不具普遍意义	删除
机会制约		
2. 缺少露营的费用	从我国旅游目前的情况以及我国人均GDP来看，费用已不再是主要的制约因子，关于露营费用的问题可能表现在服务价格过高或不合理方面	删除
社交动机		
3. 认识新朋友，扩大交友圈	表述欠佳，建议将"认识新朋友，扩大交友圈"修改为"丰富人际情感"	修改
人际管理		
2. 寻找有相同露营兴趣的同伴或加入有共同露营爱好的群体	表述容易与下一项混淆，建议合并。合并后为"邀请朋友一起露营或加入有共同露营爱好的群体"	合并
3. 邀请朋友一起露营		
4. 让家人帮我分担家务	表述涵盖面过于狭窄，建议修改为"争取获得配偶、家人的理解和支持"	修改

第五，专家意见的协调程度用协调系数或变异系数来表示。协调系数越高，说明专家对条目的意见协调程度越高；变异系数越小，则表明专家的意见协调程度越高。一般情况下，经过2~3轮专家咨询后，其协调系数若在0.4~0.5的范围波动，说明专家意见协调性好，满足研究要求。第一轮的专家意见的协调系数为0.34，未能满足研究要求，专家之间的协调性有待进一步提升，故进行第二轮专家咨询。

在第一轮专家咨询结果的基础上，形成了新的条目池和专家咨询表，共包括初步形成 6 个维度，共 28 个条目的露营旅游制约量表条目池；形成 5 个维度，共 16 个条目的露营旅游动机量表条目池；形成 5 个维度，共 15 个条目的露营旅游制约协商量表条目池。

3.4.2.5 第二轮专家咨询结果

第一，咨询专家基本情况，第二轮的咨询专家为第一轮回复满足研究需要的 12 名专家，第二轮将第一轮专家的意见归纳整理结果及条目删除、合并和修改的情况反馈给专家，便于专家参考和评判。

第二，在第二轮专家咨询中，发放以及回收问卷均为 12 份，且都为有效问卷，故本次咨询的专家积极系数为 100%，专家积极系数满足研究需要。

第三，在本轮专家咨询中，专家意见集中度显示，个体内在制约中第 3 个条目满分比不达要求；人际间制约中第 5 个条目满分比不达要求；体验动机中第 4 个条目满分比不达要求；予以删除（见表 3-3）。

表 3-3 我国大众露营旅游参与的制约、动机、制约协商量表条目池
专家意见集中程度（N=12）

维度/条目	平均值	满分比	筛选结果
个体制约			
1. 缺乏足够的安全感（如野营担心受到动物伤害等）	4.83	0.83	保留
2. 缺少露营技能	4.67	0.67	保留
3. 担心露营会给环境带来破坏和污染	4.08	0.42	删除
4. 露营装备收拾起来太麻烦	4.75	0.58	保留
5. 担心户外出现意外得不到及时救护	4.42	0.50	保留
6. 担心受到别人骚扰、伤害	4.58	0.50	保留
7. 没有太大的兴趣	4.50	0.58	保留
人际制约			
1. 没有同伴或朋友一起去	4.67	0.58	保留
2. 配偶、家人不同意或不支持	4.75	0.75	保留
3. 受家人以及生活圈子的影响（如周围没有人参加或邀约一起参加露营等）	4.42	0.50	保留
4. 得不到专业人员的指导与帮助	4.33	0.50	保留

续表

维度/条目	平均值	满分比	筛选结果
5. 由于评价不好或网络推荐不佳	4.33	0.42	删除
机会制约			
1. 获取合适的露营地信息困难	4.67	0.67	保留
2. 露营地太远	4.50	0.50	保留
3. 露营出游的费用太高	4.58	0.58	保留
4. 缺少可自由支配的露营时间	4.42	0.50	保留
5. 免费的公共露营地太少	4.52	0.50	保留
管理制约			
1. 露营基础设施、配套条件太差	4.50	0.58	保留
2. 露营费太贵或不合理	4.92	0.75	保留
3. 露营地相关管理太差	4.92	0.83	保留
环境制约			
1. 难以预测的天气状况	4.75	0.75	保留
2. 露营地潜在的危险（如河水暴涨、山体滑坡等）	4.83	0.83	保留
3. 露营地生态环境遭到破坏	4.67	0.75	保留
4. 露营卫生状况差	4.58	0.67	保留
社会制约			
1. 营地人多，活动拥挤	4.42	0.83	保留
2. 营地太吵（尤其是晚上）	4.92	0.92	保留
3. 适合的露营地点不让进入	4.25	0.58	保留
4. 营地过多的限制（如不让用火，禁止自驾露营进入等）	4.92	0.83	保留
享受自然			
1. 亲近大自然	4.58	0.83	保留
2. 欣赏自然风光、景点或难得一见的景观（如云海、日出等）	4.50	0.67	保留
3. 享受大自然的声音、气味，呼吸新鲜空气	4.42	0.58	保留
逃避动机			
1. 远离日常工作、生活	4.83	0.83	保留

续表

维度/条目	平均值	满分比	筛选结果
2. 享受无拘无束、放松的状态	4.50	0.58	保留
3. 远离城市压力	4.67	0.67	保留
社交动机			
1. 增强人际交往	4.58	0.67	保留
2. 和亲朋好友在一起（如带孩子进行户外活动）	4.50	0.75	保留
3. 丰富人际情感	4.33	0.50	保留
体验动机			
1. 体验原生态的生活方式	4.83	0.67	保留
2. 体验新鲜或刺激	4.42	0.58	保留
3. 体验在自然环境里过夜	4.42	0.50	保留
4. 参与露营地的休闲娱乐活动或使用相关设施（如素质拓展、儿童游乐设施及各种户外运动等）	4.00	0.17	删除
健康动机			
1. 放松，缓解工作、生活压力和紧张	4.83	0.83	保留
2. 愉悦心情，增进健康	4.25	0.67	保留
3. 保持良好的精神状态	4.75	0.75	保留
意愿管理			
1. 改变露营旅游的地点（如去安全、有保障、不太拥挤的地方露营）	4.08	0.50	保留
2. 改变露营旅游的时间（如错峰出游，避开露营高峰期；等到天气好的时候再露营）	4.25	0.67	保留
3. 改变露营的活动（如参加不拥挤的活动或更适合自己的活动）	4.33	0.50	保留
人际管理			
1. 带着家人一起去露营	4.50	0.58	保留
2. 邀请朋友一起露营或加入有共同露营爱好的群体	4.67	0.67	保留
3. 争取获得配偶、家人的理解和支持	4.50	0.58	保留
时间管理			
1. 提前安排露营计划	4.83	0.83	保留
2. 专门为露营预留时间	4.25	0.50	保留

续表

维度/条目	平均值	满分比	筛选结果
3. 制定露营时间清单	4.17	0.58	保留
财务管理			
1. 选择相对便宜、适合的露营方式或活动	4.42	0.50	保留
2. 做好预算，量力而行	4.33	0.75	保留
3. 专门留出钱来露营	4.25	0.50	保留
技能管理			
1. 尝试练习，提高露营所需技能	4.08	0.50	保留
2. 学习露营所需的新技能	4.25	0.58	保留
3. 在必要的露营技能上寻求帮助	4.75	0.83	保留

第四，在本轮专家咨询中，专家意见的协调系数为0.42，专家之间的协调性满足本书的研究要求，故不再进行下一轮次的专家咨询。

3.4.2.6 我国大众露营旅游参与的制约与制约协商研究量表（预试）形成

经过第二轮专家咨询，专家意见较为集中，认为量表条目设置基本合适，同时参考的评价指标亦显示量表条目能够满足研究需要，由此初步形成6个维度，共26个条目的露营旅游制约量表条目池；形成5个维度，共15个条目的露营旅游动机量表条目池；形成5个维度，共15个条目的露营旅游制约协商量表（预试）。

3.5 我国大众露营旅游参与的制约和 制约协商研究量表检验

小规模预调研的目的在于评估初始问卷的质量，提纯和修订初始题项，获得用于正式调研的量表（潘煜等，2014）。预调研是通过线下露营地问卷发放和线上网络调查（主要是微信露营群）实施的。共发放问卷396份，其中线下284份，线上112份，回收问卷372份，剔除不完整以及选项一致性较高的问卷43份，剩余有效预试问卷共329份，用于露营旅游制约研究量表的检验。

3.5.1 项目分析

项目的鉴别度分析用于判断题项是否具有独立贡献（赵书松和张旭，2021）。为确认本书所使用的各个分量表所涉及题项的鉴别度，将预试所获得的 329 份数据进行项目分析，以量表各题项分数与量表总分的相关系数（r）及临界比值（CR）来筛选题项。临界比值（CR）以 27% 和 73% 分位数为界，将其分成高分组和低分组，然后使用 T 检验对比高分组和低分组的差异情况，若统计结果呈现出显著性（p<0.05），意味着分析项具有良好的区分性，应予保留，否则予以删除。Hair 等（2010）认为，临界比值（CR）要求高分组与低分组在题项上平均值的差异显著性达到显著，此外该题项与总分的相关系数也要达到 0.5 以上，相关系数（r）越高说明同质性越好。故本书进行项目分析以临界比值（CR）差异显著以及该题与总分的相关（r）大于 0.5 为筛选标准。

3.5.1.1 露营旅游参与的制约量表项目分析

露营旅游参与的制约量表共 26 个题项，项目分析结果如表 3-4 所示。统计结果显示：题项分数与量表总分的相关系数（r）介于 0.553~0.769；决断值（CR）介于 12.883~23.653，全部题项均呈现出显著性（p<0.01），意味着 26 个题项均具有良好的区分性，因此保留全部条目，不需要删除分析项。

表 3-4 露营旅游参与的制约量表项目分析（N=329）

题项	该题与总分的相关（r）	临界比值（CR）	删除该题后量表的 α 系数	信度 Cronbach's α	项目个数	删除/保留
CP01	628	13.726***	0.848			保留
CP02	655	19.477***	0.843			保留
CP03	653	12.883***	0.843			保留
CP04	769	15.780***	0.824	0.865	6	保留
CP05	675	13.522***	0.839			保留
CP06	589	14.006***	0.855			保留
CI01	609	19.592***	0.789			保留
CI02	576	19.611***	0.809	0.821	4	保留
CI03	704	23.653***	0.746			保留
CI04	694	22.397***	0.752			保留

题项	该题与总分的相关（r）	临界比值（CR）	删除该题后量表的α系数	信度 Cronbach's α	项目个数	删除/保留
CC01	661	18.843***	0.812			保留
CC02	651	16.471***	0.815			保留
CC03	661	15.132***	0.814	0.846	5	保留
CC04	630	14.692***	0.820			保留
CC05	671	18.214***	0.809			保留
CM01	581	20.314***	0.643			保留
CM02	553	18.113***	0.674	0.742	3	保留
CM03	579	17.899***	0.653			保留
CE01	563	17.939***	0.796			保留
CE02	655	19.413***	0.753	0.812	4	保留
CE03	615	18.271***	0.772			保留
CE04	696	19.652***	0.735			保留
CS01	670	18.617***	0.811			保留
CS02	671	19.057***	0.811	0.847	4	保留
CS03	724	17.620***	0.788			保留
CS04	671	16.939***	0.811			保留

注：***表示 p<0.01。

3.5.1.2 露营旅游参与的动机量表项目分析

露营旅游参与的动机量表共 15 个题项，项目分析结果如表 3-5 所示。统计结果显示：题项分数与量表总分之相关系数（r）介于 0.530~0.779；决断值（CR）介于 -35.827~-12.528，均符合标准，意味着 15 个题项均具有良好的区分性，因此所有题项均予以保留。

表 3-5 露营旅游参与的动机量表项目分析（N=329）

题项	该题与总分的相关（r）	临界比值（CR）	删除该题后量表的α系数	信度 Cronbach's α	项目个数	删除/保留
MN01	681	-14.919***	0.653			保留
MN02	601	-15.088***	0.740	0.788	3	保留
MN03	604	-12.866***	0.738			保留

题项	该题与总分的相关（r）	临界比值（CR）	删除该题后量表的 α 系数	信度 Cronbach's α	项目个数	删除/保留
MF01	611	−20.028***	0.715			保留
MF02	609	−12.528***	0.730	0.780	3	保留
MF03	661	−22.641***	0.654			保留
MS01	633	−18.156***	0.860			保留
MS02	742	−34.345***	0.761	0.847	3	保留
MS03	779	−35.827***	0.722			保留
ME01	583	−22.893***	0.612			保留
ME02	530	−29.260***	0.675	0.732	3	保留
ME03	553	−18.564***	0.648			保留
MH01	756	−17.516***	0.761			保留
MH02	755	−20.507***	0.753	0.849	3	保留
MH03	657	−24.663***	0.858			保留

注：***表示 $p < 0.001$。

3.5.1.3 露营旅游参与的协商量表项目分析

露营旅游参与的协商量表共 15 个题项，项目分析结果如表 3-6 所示。统计结果显示：题项分数与量表总分之相关系数（r）介于 0.557~0.764；决断值（CR）介于 −27.196~−14.876，全部均呈现出显著性（$p < 0.01$），均符合标准，意味着 15 个题项均具有良好的区分性，因此保留全部条目，不需要删除分析项。

表 3-6 露营旅游参与的协商量表项目分析（N = 329）

题项	该题与总分的相关（r）	临界比值（CR）	删除该题后量表的 α 系数	信度 Cronbach's α	项目个数	删除/保留
NC01	0.665	−23.159***	0.837			保留
NC02	0.760	−23.842***	0.747	0.849	3	保留
NC03	0.729	−25.024***	0.777			保留
NI01	0.649	−23.395***	0.693			保留
NI02	0.557	−21.569***	0.788	0.789	3	保留
NI03	0.688	−26.801***	0.649			保留

续表

题项	该题与总分的相关（r）	临界比值（CR）	删除该题后量表的 α 系数	信度 Cronbach's α	项目个数	删除/保留
NT01	0.679	-20.164***	0.794			保留
NT02	0.745	-23.659***	0.728	0.837	3	保留
NT03	0.676	-26.756***	0.798			保留
NF01	0.670	-16.623***	0.677			保留
NF02	0.602	-14.876***	0.752	0.792	3	保留
NF03	0.638	-20.557***	0.717			保留
NS01	0.764	-27.196***	0.778			保留
NS02	0.710	-24.690***	0.829	0.860	3	保留
NS03	0.734	-24.690***	0.806			保留

注：***表示 $p<0.001$。

3.5.2 探索性因子分析

在对各分量表进行项目分析的基础上，本书通过探索性因子分析检验各分量表的构建效度，挖掘各分量表潜在的维度或构念，以明晰各分量表的因子结构。根据 Hair 等（2010）提出的标准，以最大方差法（Varimax）正交旋转，取特征值（Eigen Values）大于 1 及因子载荷量（Factor Loading）大于 0.5，作为各分量表因子题项的取舍依据。

3.5.2.1 露营旅游参与的制约量表探索性因子分析

利用最大方差旋转，经过 7 次迭代，最终获得 6 个公共因子，各因子载荷介于 0.537～0.805，特征值介于 1.833～3.623，信度系数分别为 0.865、0.821、0.846、0.742、0.812、0.847，各公共因子信度值较好，且解释总方差达 66.463%，达到提取因子的要求。根据各公因子的内容和特征，分别对 6 个公因子进行命名（见表 3-7）：个体制约，贡献率为 13.936%，其所包括的题项分别赋予 CP01～CP06；人际制约，贡献率为 10.502%，其所包括的题项分别赋予 CI01～CI04；机会制约，贡献率为 12.244%，其所包括的题项分别赋予 CC01～CC05；管理制约，贡献率为 7.051%，其所包括的题项分别赋予 CM01～CM03；环境制约，贡献率为 10.985%，其所包括的题项分别赋予 CE01～CE04；社会制约，贡献率为 11.745%，其所包括的题项分别赋予 CS01~CS04。

表 3-7 露营旅游参与的制约量表因子分析（N=329）

维度	题项	因子载荷	特征值	贡献率（%）	信度
个体制约	CP01	0.588	3.623	13.936	0.865
	CP02	0.617			
	CP03	0.740			
	CP04	0.805			
	CP05	0.697			
	CP06	0.676			
人际制约	CI01	0.780	2.731	10.502	0.821
	CI02	0.676			
	CI03	0.711			
	CI04	0.714			
机会制约	CC01	0.633	3.183	12.244	0.846
	CC02	0.737			
	CC03	0.645			
	CC04	0.764			
	CC05	0.793			
管理制约	CM01	0.671	1.833	7.051	0.742
	CM02	0.664			
	CM03	0.537			
环境制约	CE01	0.653	2.856	10.985	0.812
	CE02	0.762			
	CE03	0.708			
	CE04	0.752			
社会制约	CS01	0.795	3.054	11.745	0.847
	CS02	0.768			
	CS03	0.804			
	CS04	0.760			

3.5.2.2 露营旅游参与的动机量表探索性因子分析

利用最大方差旋转，经过 6 次迭代，最终获得 5 个公共因子，各因子载荷介于 0.638~0.888，特征值介于 2.022~2.390，信度系数分别为 0.788、0.780、0.847、0.732、0.849，各公共因子信度值较好，且解释总方差达 73.762%，达到提取因子的要求。根据各公因子的内容和特征，分别对 5 个公因子进行命名（见表 3-8）：享受自然，贡献率为 14.079%，其所包括的题项分别赋予 MN01~MN03；逃避动机，贡献率为 14.498%，其所包括的题项分别赋予 MF01~MF03；社交动机，贡献率为 15.931%，其所包括的题项分别赋予 MS01~MS03；体验动机，贡献率为 13.477%，其所包括的题项分别赋予 ME01~ME03；健康动机，贡献率为 15.777%，其所包括的题项分别赋予 MH01~MH03。

表 3-8 露营旅游参与的动机量表因子分析（N=329）

维度	题项	因子载荷	特征值	贡献率（%）	信度
享受自然	MN01	0.813	2.112	14.079	0.788
	MN02	0.820			
	MN03	0.638			
逃避动机	MF01	0.766	2.175	14.498	0.780
	MF02	0.696			
	MF03	0.785			
社交动机	MS01	0.796	2.390	15.931	0.847
	MS02	0.833			
	MS03	0.888			
体验动机	ME01	0.786	2.022	13.477	0.732
	ME02	0.768			
	ME03	0.729			
健康动机	MH01	0.758	2.367	15.777	0.849
	MH02	0.822			
	MH03	0.804			

3.5.2.3 露营旅游参与的协商量表探索性因子分析

利用最大方差旋转，经过 7 次迭代，最终获得 5 个公共因子，各因子载荷介于 0.638~0.860，特征值介于 1.975~2.616，信度系数分别为 0.849、0.789、0.837、0.792、0.860，各公共因子信度值较好，且解释总方差达 76.692%，达到提取因子的要求。根据各公因子的内容和特征，分别对 5 个公因子进行命名

（见表3-9）：意愿管理，贡献率为15.264%，其所包括的题项分别赋予 NC01～NC03；人际管理，贡献率为16.188%，其所包括的题项分别赋予 NI01～NI03；时间管理，贡献率为14.632%，其所包括的题项分别赋予 NT01～NT03；财务管理，贡献率为13.165%，其所包括的题项分别赋予 NF01～NF03；技能管理，贡献率为17.443%，其所包括的题项分别赋予 NS01～NS03。

表 3-9　露营旅游参与的协商量表因子分析（N=329）

维度	题项	因子载荷	特征值	贡献率（%）	信度
意愿管理	NC01	0.638	2.290	15.264	0.849
	NC02	0.860			
	NC03	0.791			
人际管理	NI01	0.767	2.428	16.188	0.789
	NI02	0.720			
	NI03	0.694			
时间管理	NT01	0.724	2.195	14.632	0.837
	NT02	0.786			
	NT03	0.784			
财务管理	NF01	0.708	1.975	13.165	0.792
	NF02	0.763			
	NF03	0.755			
技能管理	NS01	0.806	2.616	17.443	0.860
	NS02	0.790			
	NS03	0.807			

3.5.3　验证性因子分析

通过验证性因子分析可以进一步检验探索性因子分析得到的结构，即检验由探索性因子分析获得的构想模型对实际观测数据的拟合程度。因此，本书进一步对各个分量表进行验证性因子分析。

3.5.3.1　露营旅游参与的制约量表验证性因子分析

露营参与的制约量表验证性因子分析结果（见表3-10），模型的整体拟合情况较好。其中，绝对拟合指数 χ^2/df 为1.171，标准化残差均方根 SRMR 接近

0.05 的理想水平，近似误差均方根 RMSEA 达到了 0.05 的理想水平，GFI 达到了 0.90 以上，AGFI 达到了 0.90 以上，表明模型的简约性较好。相对拟合指数 CFI 和 TLI 等都达到了理想水平（0.90 以上）。可见，拟合优度指标都在可接受的范围内，说明设定模型的结构是合理的（翁清雄等，2018）。

表 3-10　露营旅游制约量表修正后模型拟合度

拟合指标	可容许范围	研究模型拟合度
卡方值（χ^2）	The small the better	332.555
自由度（DF）	The large the better	284
Normed Chi-sqr 卡方值/自由度（χ^2/df）	1<χ^2/df<3	1.171
近似误差均方根（RMSEA）	<0.08	0.023
标准化残差均方根（SRMR）	<0.08	0.059
塔克-刘易斯指标（非规范拟合指标）[TLI（NNFI）]	0.9	0.987
比较拟合指标（CFI）	0.9	0.989
拟合优度指标（GFI）	0.9	0.927
调整后的拟合优度指标（AGFI）	0.9	0.910

3.5.3.2　露营参与的动机量表验证性因子分析

露营旅游参与的动机量表验证性因子分析结果（见表 3-11），模型的整体拟合情况较好。其中，绝对拟合指数 χ^2/df 为 1.347，标准化残差均方根 SRMR 达到了 0.05 的理想水平，近似误差均方根 RMSEA 达到了 0.05 的理想水平，GFI 达到了 0.95 以上，AGFI 达到了 0.90 以上，表明模型的简约性较好。相对拟合指数 CFI 和 TLI 等都达到了理想水平（0.95 以上）。可见，拟合优度指标都在可接受的范围内，说明设定模型的结构是合理的（翁清雄等，2018）。

表 3-11　露营旅游动机量表修正后模型拟合度

拟合指标	可容许范围	研究模型拟合度
卡方值（χ^2）	The small the better	107.790
自由度（DF）	The large the better	80.000
卡方值/自由度 [Normed Chi-sqr（χ^2/df）]	1<χ^2/df<3	1.347

续表

拟合指标	可容许范围	研究模型拟合度
近似误差均方根（RMSEA）	<0.08	0.033
标准化残差均方根（SRMR）	<0.08	0.048
塔克-刘易斯指标（非规范拟合指标）〔TLI（NNFI）〕	0.9	0.984
比较拟合指标（CFI）	0.9	0.988
拟合优度指标（GFI）	0.9	0.955
调整后的拟合优度指标（AGFI）	0.9	0.933

3.5.3.3　露营旅游参与的协商量表验证性因子分析

露营旅游参与的协商量表验证性因子分析结果（见表 3-12），模型的整体拟合情况较好。其中，绝对拟合指数 χ^2/df 为 1.271，标准化残差均方根 SRMR 接近 0.05 的理想水平，近似误差均方根 RMSEA 达到 0.05 的理想水平，GFI 达到了 0.95 以上，AGFI 接近 0.95 水平，表明模型的简约性较好。相对拟合指数 CFI 和 TLI 等都达到了理想水平（0.95 以上）。可见，拟合优度指标都在可接受的范围内，说明设定模型的结构是合理的（翁清雄等，2018）。

表 3-12　露营旅游协商量表修正后模型拟合度

拟合指标	可容许范围	研究模型拟合度
卡方值（χ^2）	The small the better	101.641
自由度（DF）	The large the better	80.000
卡方值/自由度 Normed Chi-sqr（χ^2/df）	$1<\chi^2/df<3$	1.271
近似误差均方根（RMSEA）	<0.08	0.029
标准化残差均方根（SRMR）	<0.08	0.057
塔克-刘易斯指标（非规范拟合指标）〔TLI（NNFI）〕	0.9	0.990
比较拟合指标（CFI）	0.9	0.992
拟合优度指标（GFI）	0.9	0.964
调整后的拟合优度指标（AGFI）	0.9	0.947

3.5.4　信效度检验

测量题目的信度即标准化因素负荷量，Chin（1998）认为，测量题目的信度理想上应大于 0.70，0.60 以上为可接受；Fornell 和 Larcker（1981）认为，每个指标变量的标准化因素负荷量需高于 0.5 才称为有题目信度；而 Hooper 等（2008）认为，标准化因素负荷量低于 0.45 的题目表示该题有过多的测量误差，应该予以删除。对量表信度的评估主要包括两个层面：量表整体信度和潜变量信度，对量表整体信度的检验采用指标 Cronbach's α 值；对潜变量信度的检验，分别采用潜变量 Cronbach's α 和组合信度 CR 两个指标，其中组合信度 CR 表示观测变量与相应的潜变量存在多大的内部一致性（潘煜等，2014）。Bagozzi 和 Yi（1988）认为，组合信度 CR 的值以大于 0.6 为宜。本书分别对测量题目的信度、潜变量的信度及组合信度 CR 进行检验，以呈现对量表信度的评估。

测量量表的效度主要包括内容效度和结构效度（武瑞娟和李东进，2009）。内容效度指量表能够有效地度量所研究的问题，对内容效度的检验主要采用定性方法控制（潘煜等，2014）。在内容效度方面，本书的初始量表的设计主要基于成熟量表测量指标的严格筛选及定性访谈，并采用德尔菲法中的评价指标即专家积极系数、权威系数、专家意见集中程度以及协调系数等方法对量表进行了两轮的专家调查，根据专家的意见进行反复沟通斟酌，本书的量表编制采取严肃认真的控制方式，得到专家的一致认可，因此本书量表具有较好的内容效度。

对结构效度的验证主要考察量表的收敛效度和区分效度（潘煜等，2014）。根据 Hair 等（2009）观点，当满足①潜变量与观测变量之间的标准载荷>0.5；②潜变量平均方差抽取量 AVE>0.5 时，表明量表的收敛效度良好。Fornell 和 Larcker（1981）认为当潜变量的 AVE 平方根大于该潜变量与其他变量的相关系数时，表明量表的区分效度良好。

3.5.4.1　露营旅游参与的制约量表信效度分析

通过数据分析（见表 3-13 和表 3-14），露营旅游参与的制约量表经过 EFA 保留的 26 个题项在相应的潜变量上的标准化因素负荷量介于 0.627~0.823，均大于 0.6，并且达到显著性水平，各维度信度值介于 0.742~0.865，组合信度 CR 值介于 0.746~0.868，均大于 0.6，说明制约量表通过信度检验。同时，各维度平均方差抽取量范围为 0.495~0.581，只有管理制约维度的平均方差抽取量接近 0.5 的理想水平，说明量表具有较好的收敛效度。此外，潜变量 AVE 的平方根基本上都大于潜变量之间的相关系数，表明该变量的潜在结构具有较好的区分效度。因此，本量表通过效度检验。

表3-13 露营旅游参与的制约量表信度与效度检验

| 维度 | 题项 | 参数显著性估计 | | | | 题目信度 | | 信度 Cronbach's α | 组合信度 | 收敛效度 |
		非标准化因素负荷量	标准误	非标准化因素负荷量/标准误	p 值	标准化因素负荷量	多元相关平方		组合信度	平均方差抽取量
个体制约	CP01	1.000				0.696	0.484	0.865	0.868	0.525
	CP02	1.175	0.097	12.107	0.000	0.742	0.551			
	CP03	1.038	0.090	11.557	0.000	0.707	0.500			
	CP04	1.162	0.087	13.393	0.000	0.823	0.677			
	CP05	1.129	0.091	12.376	0.000	0.737	0.543			
	CP06	0.953	0.091	10.450	0.000	0.627	0.393			
人际制约	CI01	1.000				0.674	0.454	0.821	0.824	0.541
	CI02	1.034	0.105	9.874	0.000	0.637	0.406			
	CI03	1.196	0.094	12.762	0.000	0.807	0.651			
	CI04	1.166	0.100	11.623	0.000	0.809	0.654			
机会制约	CC01	1.000				0.763	0.582	0.846	0.845	0.523
	CC02	0.849	0.071	12.019	0.000	0.707	0.500			
	CC03	0.828	0.063	13.245	0.000	0.760	0.578			
	CC04	0.804	0.070	11.559	0.000	0.667	0.445			
	CC05	0.928	0.074	12.594	0.000	0.715	0.511			
管理制约	CM01	1.000				0.704	0.496	0.742	0.746	0.495
	CM02	0.928	0.088	10.536	0.000	0.681	0.464			
	CM03	0.850	0.078	10.863	0.000	0.724	0.524			
环境制约	CE01	1.000				0.637	0.406	0.812	0.816	0.528
	CE02	1.126	0.105	10.775	0.000	0.726	0.527			
	CE03	1.142	0.113	10.132	0.000	0.710	0.504			
	CE04	1.202	0.110	10.972	0.000	0.821	0.674			
社会制约	CS01	1.000				0.732	0.536	0.847	0.847	0.581
	CS02	1.072	0.085	12.672	0.000	0.746	0.557			
	CS03	1.106	0.082	13.508	0.000	0.818	0.669			
	CS04	1.049	0.083	12.570	0.000	0.751	0.564			

表 3-14 露营旅游参与的制约量表潜在变量区分效度检验

维度	AVE 平均方差抽取量	个体制约	人际制约	机会制约	管理制约	环境制约	社会制约
个体制约	0.525	**0.725**					
人际制约	0.541	0.765	**0.736**				
机会制约	0.523	0.601	0.570	**0.723**			
管理制约	0.495	0.558	0.550	0.674	**0.704**		
环境制约	0.528	0.498	0.334	0.464	0.739	**0.727**	
社会制约	0.581	0.359	0.312	0.447	0.568	0.594	**0.762**

3.5.4.2 露营旅游参与的动机量表信效度分析

通过数据分析（见表 3-15 和表 3-16），露营旅游参与的动机量表经过 EFA 保留的 15 个题项在相应的潜变量上的标准化因素负荷量介于 0.627~0.909，均大于 0.6，并且达到显著性水平，各维度信度值介于 0.732~0.849，组合信度 CR 值介于 0.733~0.855，均大于 0.6，说明动机量表通过信度检验。同时，各维度平均方差抽取量范围为 0.479~0.666，只有体验动机维度的平均方差抽取量接近 0.5 的理想水平，说明量表具有较好的收敛效度。此外，潜变量 AVE 的平方根均大于潜变量之间的相关系数，表明该变量的潜在结构具有良好的区分效度。因此，本量表通过了效度检验。

表 3-15 露营旅游参与的动机量表信度与效度检验

维度	题项	参数显著性估计				题目信度		信度 Cronbach's α	组合信度	收敛效度
		非标准化因素负荷量	标准误	非标准化因素负荷量/标准误	p 值	标准化因素负荷量	多元相关平方		组合信度	平均方差抽取量
享受自然	MN01	1.000				0.779	0.607	0.788	0.788	0.554
	MN02	0.822	0.070	11.754	0.000	0.675	0.456			
	MN03	0.997	0.085	11.734	0.000	0.774	0.599			
逃避动机	MF01	1.000				0.685	0.469	0.780	0.787	0.552
	MF02	0.848	0.075	11.267	0.000	0.766	0.587			
	MF03	1.121	0.094	11.911	0.000	0.775	0.601			

续表

| 维度 | 题项 | 参数显著性估计 | | | | 题目信度 | | 信度 Cronbach's α | 组合信度 | 收敛效度 |
		非标准化因素负荷量	标准误	非标准化因素负荷量/标准误	p 值	标准化因素负荷量	多元相关平方		组合信度	平均方差抽取量
社交动机	MS01	1.000				0.689	0.475	0.847	0.852	0.661
	MS02	1.420	0.108	13.132	0.000	0.853	0.728			
	MS03	1.425	0.105	13.580	0.000	0.883	0.780			
体验动机	ME01	1.000				0.753	0.567	0.732	0.733	0.479
	ME02	0.838	0.091	9.190	0.000	0.627	0.393			
	ME03	0.900	0.095	9.481	0.000	0.691	0.477			
健康动机	MH01	1.000				0.909	0.826	0.849	0.855	0.666
	MH02	0.994	0.055	17.999	0.000	0.832	0.692			
	MH03	0.911	0.066	13.790	0.000	0.692	0.479			

表 3-16   露营旅游参与的动机量表潜在变量区分效度检验

维度	AVE 平均方差抽取量	享受自然	逃避动机	社交动机	体验动机	健康动机
享受自然	0.554	**0.744**				
逃避动机	0.552	0.679	**0.743**			
社交动机	0.661	0.380	0.460	**0.813**		
体验动机	0.479	0.513	0.587	0.405	**0.692**	
健康动机	0.666	0.662	0.738	0.417	0.411	**0.816**

3.5.4.3 露营旅游参与的协商量表信效度分析

通过数据分析（见表 3-17 和表 3-18），露营旅游参与的协商量表经过 EFA 保留的 15 个题项在相应的潜变量上的标准化因素负荷量介于 0.679~0.866，均大于 0.6，并且达到显著性水平，各维度信度值介于 0.789~0.860，组合信度 CR 值介于 0.794~0.862，均大于 0.6，说明协商量表通过信度检验。同时，各维度平均方差抽取量范围为 0.564~0.675，说明量表具有良好的收敛效度。此外，潜变量 AVE 的平方根均大于潜变量之间的相关系数，表明该变量的潜在结构具有良好的区分效度。因此，本量表通过效度检验。

表 3-17　露营旅游参与的协商量表信度与效度检验

| 维度 | 题项 | 参数显著性估计 | | | | 题目信度 | | 信度 Cronbach's α | 组合信度 | 收敛效度 |
		非标准化因素负荷量	标准误	非标准化因素负荷量/标准误	p 值	标准化因素负荷量	多元相关平方		组合信度	平均方差抽取量
意愿管理	NC01	1.000				0.764	0.584	0.849	0.851	0.656
	NC02	1.137	0.078	14.641	0.000	0.825	0.681			
	NC03	1.150	0.080	14.425	0.000	0.839	0.704			
人际管理	NI01	1.000				0.743	0.552	0.789	0.796	0.566
	NI02	0.919	0.083	11.068	0.000	0.688	0.473			
	NI03	1.160	0.084	13.883	0.000	0.820	0.672			
时间管理	NT01	1.000				0.783	0.613	0.837	0.840	0.636
	NT02	1.128	0.075	15.044	0.000	0.850	0.722			
	NT03	1.025	0.077	13.359	0.000	0.757	0.573			
财务管理	NF01	1.000				0.832	0.692	0.792	0.794	0.564
	NF02	0.750	0.065	11.599	0.000	0.679	0.461			
	NF03	0.964	0.076	12.685	0.000	0.734	0.539			
技能管理	NS01	1.000				0.866	0.750	0.860	0.862	0.675
	NS02	0.938	0.059	16.024	0.000	0.781	0.610			
	NS03	0.962	0.057	16.930	0.000	0.816	0.666			

表 3-18　露营旅游参与的协商量表潜在变量区分效度检验

维度	AVE 平均方差抽取量	意愿管理	人际管理	时间管理	财务管理	技能管理
意愿管理	0.656	**0.81**				
人际管理	0.566	0.746	**0.752**			
时间管理	0.636	0.662	0.658	**0.797**		
财务管理	0.564	0.619	0.554	0.614	**0.751**	
技能管理	0.675	0.566	0.622	0.597	0.699	**0.822**

3.6 我国大众露营旅游参与的制约和制约协商研究正式量表

经过对我国大众露营旅游参与的制约与制约协商研究量表编制理论的探讨，确定研究量表的维度和备选条目池，通过小组讨论及两轮专家咨询对备选条目池进行修订，形成我国大众露营旅游参与的制约与制约协商研究预试量表。以此为基础，通过329份有效问卷的小规模预调研收集数据，对数据进行项目分析、探索性因子分析、验证性因子分析以及信效度检验，最终形成我国大众露营旅游参与的制约与制约协商研究正式量表（见表3-19）。

表3-19　我国大众露营旅游参与的制约和制约协商研究

潜在变量	题项	测量内容	题项来源
个体制约（CP）	CP01	缺乏足够的安全感（如野营担心受到动物伤害等）	White（2008）；Ghimire 等（2014）
	CP02	缺少露营技能	White（2008）；Moghimehfar 和 Halpenny（2016）
	CP03	露营装备收拾起来太麻烦	访谈
	CP04	担心户外出现意外得不到及时救护	访谈
	CP05	担心受到别人骚扰、伤害	Virden 和 Walker（1999）
	CP06	没有太大的兴趣	White（2008）
人际制约（CI）	CI01	没有同伴或朋友一起去	White（2008）；Hubbard 和 Mannell（2001）；Ghimire 等（2014）
	CI02	配偶、家人不同意或不支持	Ghimire 等（2014）
	CI03	受家人以及生活圈子的影响（如周围没有人参加或邀约一起参加露营等）	访谈
	CI04	得不到专业人员的指导与帮助	访谈
机会制约（CC）	CC01	获取合适的露营地信息困难	White（2008）；Mikulic 等（2017）；Ram 和 Hall（2020）；Ghimire 等（2014）
	CC02	露营地太远	Ram 和 Hall（2020）；Craig（2021）
	CC03	露营出游的费用太高	Jackson 和 Rucks（1995）；White（2008）；Ram 和 Hall（2020）；Ghimire 等（2014）
	CC04	缺少可自由支配的露营时间	Jackson 和 Rucks（1995）；Hubbard 和 Mannell（2001）；Ghimire 等（2014）；Craig（2021）
	CC05	免费的公共露营地太少	访谈

潜在变量	题项	测量内容	题项来源
管理制约 （CM）	CM01	露营基础设施、配套条件太差	Mikulić 等（2017）；Ram 和 Hall（2020）；Grzinic（2010）；Ghimire 等（2014）
	CM02	露营费太贵或不合理	White（2008）；Ram 和 Hall（2020）
	CM03	露营地相关管理太差	Ram 和 Hall（2020）
环境制约 （CE）	CE01	难以预测的天气状况	Hewer 等（2017）
	CE02	露营地潜在的危险（如河水暴涨、山体滑坡等）	Hinch 和 Jackson（2000）
	CE03	露营地生态环境遭到破坏	Coble 等（2003）；Mogh-imehfar 和 Halpenny（2016）
	CE04	露营卫生状况差	Ghimire 等（2014）；Mikulić 等（2017）
社会制约 （CS）	CS01	营地人多，活动拥挤	Ghimire 等（2014）；Ram 和 Hall（2020）；Craig（2021）
	CS02	营地太吵（尤其是晚上）	Mikulić 等（2017）
	CS03	适合的露营地点不让进入	Jackson（2005）
	CS04	营地过多的限制（如不让用火，禁止自驾露营进入等）	Virden 和 Walker（1999）；Jackson（2005）
享受自然 （MN）	MN01	亲近大自然	Hollender（1977）；White（2008）
	MN02	欣赏自然风光、景点或难得一见的景观（如云海、日出等）	Hollender（1977）；White（2008）
	MN03	享受大自然的声音、气味，呼吸新鲜空气	Hollender（1977）；White（2008）
逃避动机 （MF）	MF01	远离日常工作、生活	Hollender（1977）；White（2008）；Hassell 和 Moore（2015）
	MF02	享受无拘无束、放松的状态	Hollender（1977）；Kearns 等（2016）
	MF03	远离城市压力	Hollender（1977）；Hassell 等（2015）
社交动机 （MS）	MS01	增强人际交往	Hollender（1977）
	MS02	和亲朋好友在一起（如带孩子进行户外活动）	Hollender（1977）；White（2008）
	MS03	丰富人际情感	Hollender（1977）
体验动机 （ME）	ME01	体验原生态的生活方式	Hollender（1977）
	ME02	体验新鲜或刺激	White（2008）
	ME03	体验在自然环境里过夜	Hollender（1977）；Hassell 等（2015）

续表

潜在变量	题项	测量内容	题项来源
健康动机 （MH）	MH01	放松，缓解工作、生活压力和紧张	访谈
	MH02	愉悦心情、增进健康	Loucks-Atkinson 和 Mannell（2007）
	MH03	保持良好的精神状态	访谈
意愿管理 （NC）	NC01	改变露营旅游的地点（如去安全、有保障、不太拥挤的地方露营）	Loucks-Atkinson 和 Mannell（2007）；White（2008）；Craig（2021）
	NC02	改变露营旅游的时间（如错峰出游，避开露营高峰期；等到天气好的时候再露营）	访谈
	NC03	改变露营的活动（如参加不拥挤的活动，参加更适合自己的活动）	Loucks-Atkinson 和 Mannell（2007）
人际管理 （NI）	NI01	带着家人一起去露营	White（2008）
	NI02	邀请朋友一起露营或加入有共同露营爱好的群体	Hubbard 和 Mannell（2001）；Loucks-Atkinson 和 Mannell（2007）
	NI03	争取获得配偶、家人的理解和支持	访谈
时间管理 （NT）	NT01	提前安排露营计划	Tian 和 Schneider（2015）
	NT02	专门为露营预留时间	Loucks-Atkinson 和 Mannell（2007）
	NT03	制定露营时间清单	Jackson 和 Henderson（1995）；Loucks-Atkinson 和 Mannell（2007）
财务管理 （NF）	NF01	选择相对便宜、适合的露营方式或活动	Hubbard 和 Mannell（2001）
	NF02	做好预算，量力而行	Tian 和 Schneider（2015）
	NF03	专门留出钱来露营	White（2008）；Tian 和 Schneider（2015）
技能管理 （NS）	NS01	尝试练习，提高露营所需技能	Jackson 和 Henderson（1995）；Loucks-Atkinson 和 Mannell（2007）
	NS02	学习露营所需的新技能	Hubbard 和 Mannell（2001）；Tian 和 Schneider（2015）
	NS03	在必要的露营技能上寻求帮助	Jackson 和 Henderson（1995）；Hubbard 和 Mannell（2001）；Tian 和 Schneider（2015）
协商效能 （NE）	NE01	我愿意在露营中克服困难	Loucks-Atkinson 和 Mannell（2007）；White（2008）
	NE02	我确信自己有能力面对露营带来的挑战	Loucks-Atkinson 和 Mannell（2007）；Ridinger 等（2012）
	NE03	别人能解决露营中遇到问题，我也能找到解决问题的方法	Loucks-Atkinson 和 Mannell（2007）；White（2008）

注：协商效能可用直接经验、间接经验、社会说服及生理/情感反应四类指标量化，由于多数露营旅游参与者直接经验较少，故本书用三类指标量化。

3.7　本章小结

　　本章在成熟量表指标筛选及定性访谈基础上，遵照量表编制程序，形成我国大众露营旅游参与的制约量表、动机量表及制约协商量表等。我国大众露营参与的制约量表有 6 个维度，共 26 个题项，且量表具有良好的信效度。我国露营动机量表有 5 个维度，共 15 个题项。我国露营制约协商量表有 5 个维度，共 15 个题项，同国外休闲制约协商量表的维度保持一致，但在具体题项表述上却不尽相同。因为尽管人类基本的心理过程相似，但其表现形式却可能因受各种文化的影响而不同，因此不同文化背景下的行为选择就会有所不同（戈登·沃克和梁海东，2012）。

4 我国大众露营旅游参与的
实证结果和总体特征

本章采用正式的调查问卷展开调查研究，简述本书调查实施的过程，描述本书所得到的有效样本的总体人口学特征，有效样本总体的露营旅游参与特征，简要论述有效样本露营旅游参与的具体特征。

4.1　正式调查

4.1.1　调查实施过程

本书调查问卷的发放和回收采取线下纸质问卷和线上问卷相结合的数据收集方式。线下纸质问卷调研，首先，对调研成员进行问卷相关内容、填写注意事项等方面的培训；其次，进行问卷的发放与回收。限于经费、精力及调查范围广等因素，故线下同时委托不同地区的同学、朋友进行调研，调研兼顾经营性露营与非经营性露营等调查群体，随机选取调查对象。调研时，要求调研小组成员在进行问卷发放、收集过程中对被调查对象给予充分的说明，并及时回答被调研人员提出的疑问，以确保调查问卷的回收质量，共收集线下 672 份问卷。网络问卷通过问卷星网络平台制作。发放线上问卷时，通过小红书露营博主，加入不同地区露营微信群，在微信群发放问卷前，对问卷目的、内容、填写注意事项等内容给予说明，并随时对露营群友在填写过程中的疑问给予及时回复和说明，确保线上问卷填写时的有效沟通与交流。线上问卷调研主要覆盖范围为我国东北、西北、西南等地区，共收集线上 479 份问卷。

4.1.2 调查结果概述

4.1.2.1 调研问卷的有效性甄别

对于本书调查回收的 1151 份问卷进行判别，剔除以下无效问卷：①问卷漏答数过多，以漏答总题数的 50% 为准，判为无效问卷；②对于量表测量部分，问卷呈现出测量强度选择明显一致的问卷，判为无效问卷；③整份问卷所勾选的选项呈现明显的规律性，判为无效问卷。经过以上步骤问卷筛选，共剔除无效问卷57 份，剩余有效问卷 1094 份，调查问卷有效率为 95.05%。

4.1.2.2 调研问卷分布范围

本书有效调查问卷主要覆盖我国华东地区的上海、浙江、江苏和山东；华北地区的北京、河北；华中地区的河南、湖北和湖南；华南地区的广东；东北地区的辽宁；西北地区的陕西；西南地区的贵州、四川、云南和重庆等 7 个区域的 16个省级行政区（见表 4-1 和图 4-1），共 1054 份问卷，另外还有海南、青海、新疆等 40 份，共计 1094 份有效问卷。

表 4-1　调查问卷主要分布地区

调查区域	华东				华北		华中			华南	东北	西北	西南			
调查地区	上海	浙江	江苏	山东	北京	河北	河南	湖北	湖南	广东	辽宁	陕西	贵州	云南	四川	重庆
有效样本数量	68	60	72	106	122	24	28	54	60	104	72	54	30	66	96	38

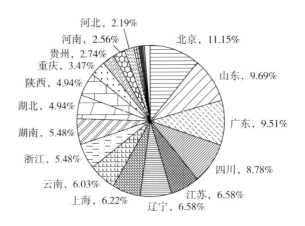

图 4-1　调查问卷主要地区分布

4.2 有效样本特征

4.2.1 有效样本总体的人口学特征

通过对 1094 份有效样本的数据整理和分析，我国大众露营旅游参与有效样本的总体人口学特征如下（见表 4-2）。针对本书有效样本的性别、年龄、学历、职业以及收入等情况进行简要分析。

表 4-2　我国大众露营旅游参与的有效样本总体人口学特征描述

变量	标记	次数	有效百分比（%）	累计频率百分比（%）
性别	男性	478	43.69	43.69
	女性	616	56.31	100.00
年龄	18~25 岁	127	11.61	11.61
	26~30 岁	258	23.58	35.19
	31~40 岁	575	52.56	87.75
	41~50 岁	121	11.06	98.81
	51~60 岁	13	1.19	100.00
学历	初中及以下	22	2.01	2.01
	高中或中专	49	4.48	6.49
	大专	203	18.56	25.05
	本科	614	56.12	81.17
	硕士及以上	206	18.83	100.00
职业	专业技术人员（包括教师、工程师、律师、医生、新闻、体育、艺术工作者等）	243	22.21	22.21
	公务员	60	5.48	27.70
	企事业单位管理人员	129	11.79	39.49
	公司职员	327	29.89	69.38
	工人	31	2.83	72.21
	学生	47	4.30	76.51
	私营业主	67	6.12	82.63

续表

变量	标记	次数	有效百分比（%）	累计频率百分比（%）
职业	农民	3	0.27	82.91
	离退休人员	3	0.27	83.18
	自由职业者	139	12.71	95.89
	其他	45	4.11	100.00
月收入	5000 元以下	174	15.90	15.90
	5000~10000 元	443	40.49	56.40
	10001~15000 元	198	18.10	74.50
	15001~20000 元	122	11.15	85.65
	20001 元以上	157	14.35	100.00

4.2.1.1　性别方面

第七次全国人口普查数据显示，我国男性人口为 72334 万人，占 51.24%；女性人口为 68844 万人，占 48.76%。总人口性别比（以女性为 100，男性对女性的比例）为 105.07[①]，我国男性人口数量多于女性人口数量。这一比例与本书有效样本的比例不同。究其原因，与女性被调研者更有耐心、更容易接触、更愿意提供帮助有一定关系。尤其是对于家庭露营而言，在线下调查的过程中，即使首先接触到的是男性被调查者，问卷也往往被转交到女性手中予以答复，因此本书的被调查者中女性比例较高。

4.2.1.2　年龄方面

对于年龄的调查，虽然设置了 18 岁以下和 60 岁以上两个选项，但本书并未得到这两个年龄段被调查者的样本。究其原因，由于露营旅游在我国尚属于新兴的项目，年龄偏大的人群可能还没有接触或接纳这一体育旅游形式；对于家庭露营群体而言，虽然有年龄较小的成员参与，但问卷的回复通常不会由其填写，因此也未能收集到年龄较小样本的问卷回复。在本书有效样本中，31~40 岁群体人数为 575 人，占总体样本的 52.56%；其次是 26~30 岁，占总体样本的 23.58%；样本占比最小的群体是 51~60 岁年龄段，仅占总体样本的 1.19%。露营旅游参与年龄分布充分说明露营旅游作为一项新兴的体育旅游，目前的受众以中青年

---

① 国家统计局．第七次全国人口普查公报（第四号）［EB/OL］．［2021-11-19］．http://www.stats.gov.cn/tjsj/zxfb/202105/t20210510_1817180.html.

为主。

4.2.1.3 学历方面

本书有效样本中本科学历人数为 614 人，占总体样本的 56.12%，为最大的样本群体；其次硕士及以上学历占总体样本的 18.83%。本科以上学历占比高达 74.95%。这也反映出，高学历层次更容易接受露营旅游这一新兴旅游形式。

4.2.1.4 职业方面

本书样本涉及的职业包括 11 个类别，其中公司职员为 327 人，占总体样本的 29.89%，成为占比最大的样本群体；其次是专业技术人员（包括教师、工程师、律师、医生、新闻、体育、艺术工作者等），占总体样本的 22.21%；样本最小的群体为离退休人员和农民，仅占总体样本的 0.27%。

4.2.1.5 收入方面

从有效样本的收入方面来看，露营旅游参与群体的收入主要集中在两个收入段。收入在 5000~10000 元的为 443 人，占总体样本的 40.49%；其次是收入在 10001~15000 元的人数占总体样本的 18.10%；值得注意的是，收入在 20001 元以上的也占到了总体样本的 14.35%。这反映出，目前我国露营群体的收入主要集中在 5000~15000 元，但同时露营旅游也受到了高收入群体的青睐。整体上看，我国大众露营旅游参与群体的收入分布特征呈"橄榄型"分布。这与目前我国人均收入的整体特征及露营这一新兴旅游形式较为契合。目前，我国人均 GDP 超过 1 万美元，中等收入群体已达 4 亿人，中产阶层在 2 亿人左右，而中产阶层通常在文化旅游消费方面具有引领作用（王笑宇，2021）。露营作为欧美度假旅游的重要形式，在露营兴起的早期，露营旅游也是欧美中产阶级重要的身份标签之一（农丽媚和杨锐，2019）。

4.2.2 有效样本总体的露营旅游参与特征

对于本书有效样本总体的露营旅游参与特征描述有助于对后续研究制约因素、动机及协商策略的理解，因此对有效样本总体的露营旅游参与特征进行简要描述（见表4-3）。

表4-3 大众露营旅游参与总体特征

变量	标记	次数	有效百分比	累计频率百分比
选择露营的方式	在露营地过夜	899	82.18	82.18
	不在露营地过夜	195	17.82	100.00

变量	标记	次数	有效百分比	累计频率百分比
一般一年会参加几次露营	1 次及以下	173	15.81	15.81
	2~3 次	308	28.15	43.97
	4~5 次	142	12.98	56.95
	6~7 次	139	12.71	69.65
	8 次及以上	332	30.35	100.00
一次露营一般多长时间	1 天	309	28.24	28.24
	2 天	646	59.05	87.29
	3 天	113	10.33	97.62
	4 天	18	1.65	99.27
	5 天及以上	8	0.73	100.00
开始露营有多长时间	1 年及以下	574	52.47	52.47
	2 年	250	22.85	75.32
	3 年	91	8.32	83.64
	4 年	44	4.02	87.66
	5 年及以上	135	12.34	100.00

在参加露营旅游的有效样本中，可以看出目前我国露营不在露营地过夜的旅游方式占总体样本的 17.82%。究其原因，当前即使有一部分人参与了露营旅游，但可能由于旅游习惯、户外过夜舒适程度、便利程度及安全等，仍然选择了参与露营但不在户外过夜的旅游方式，这也从一个侧面反映出露营旅游在我国处于起步发展阶段，人们还未完全融入露营这一新兴旅游形式。

从露营旅游有效样本参与频次来看，一年参加 8 次及以上的露营样本占总体样本的 30.35%，成为占比最大的样本群体；其次是 2~3 次的偶尔参与群体占总体样本的 28.15%，最后是 1 次及以下的体验参与群体占总体样本的 15.81%。统计数据反映出部分已经参与多年的露营旅游者可能由于已经形成持久的露营爱好，露营旅游频率较高。体验参与和偶尔参与的群体，占总体样本的 43.97%，则由于尚未形成固定的兴趣爱好，呈现出较低的参与频率。

从每次露营参与的时间来看，2 天露营的样本占总体样本的 59.05%，成为占比最大的样本群体；其次是 1 天的露营群体占总体样本的 28.24%，再次就是 3 天的露营群体占总体样本的 10.33%，最后是 4 天和 5 天及以上的露营群体占比仅为 2.38%。每次露营的时间反映出目前我国的露营旅游主要集中在周末或是 3 天的小长假，这与我国目前的节假日制度安排有关。

从露营旅游开始时间来看，1 年以下的露营群体占总体样本的 52.47%，成为占比最大的样本群体；其次是 2 年的露营群体占总体样本的 22.85%，5 年及以上的露营群体仅占总体样本的 12.34%。这从侧面说明，露营旅游在我国处于起步发展阶段，拥有较为专业经验的露营旅游群体占比较小。

4.2.3　有效样本露营旅游参与具体特征

为了进一步了解我国大众露营旅游参与特征，本书对 1094 个有效样本的露营旅游部分具体参与特征进行简要描述，涉及的具体特征统计大都为多项选择题，主要是对于目前我国大众露营旅游者参与的倾向性做进一步了解。

露营旅游信息获取有助于减少露营旅游参与机会层面的制约。从露营旅游信息获取方式的统计（见图 4-2）可以看出，露营旅游参与信息获取方式主要来自微信、抖音、小红书等社会化媒介平台，被选中总次数的比例为 71.30%；其次是以朋友推荐的方式获取露营信息，被选中总次数的比例为 68.92%；再次是以门户网站为渠道的信息获取途径，被选中总次数的比例为 35.28%，而以电视、

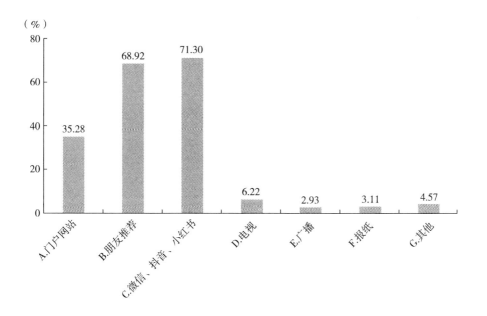

图 4-2　大众露营旅游信息获取方式

广播、报纸等传统媒介平台作为露营信息获取渠道的很少，被选中总次数的比例分别为 6.22%、2.93% 和 3.11%。

以微信、抖音、小红书为代表的社会化媒介平台是以人为中心的双向互动，是更去中心化的传播，虽然信息碎片化，但是更充分、更方便人们获取关于露营旅游的各种各样的信息及同步交互。杨明（2011）对我国度假体育参与者现状的研究中也指出，度假体育参与者的信息来源方式主要以专业媒体、网络及亲戚朋友口碑传播等分众化营销传播形式为主。以电视、广播、报纸、杂志等为代表的传统媒介平台，由于其信息传播是单向化的、中心化的、信息不对称的，是一个单向传输的信息平台，所以不利于露营信息的交互，也无法满足露营者多元化、多层次的信息需求。值得注意的是，朋友推荐在露营旅游信息获取方面成为人们的主要途径，反映出我国露营旅游人际层面的重要性，也为后续研究所涉及露营制约因素的交互影响提供了一定支撑。

对于露营地点的选择统计分析有助于对露营结构性制约因素的了解。通过对有效样本露营地点的统计（见图 4-3）可以看出，对于露营地点被选中总次数的比例由高到低依次为湖畔（81.54%）、山地（66.91%）、森林（60.51%）、城郊（48.99%）、景区（44.79%）、海滨（海岛）（38.76%）、乡村（33.64%）、湿地（26.33%）等，对于城市露营的选择，城市被选中总次数很少，其比例仅为 12.61%。对于露营旅游目的地的选择，人们更多选择了远离城市的湖畔、山地和森林，反映出人们露营更希望远离城市生活，更倾向于走进大自然的心理。但同时远离城市的露营目的地不可避免地会遇到各种各样如交通、时间等结构性方面的制约。

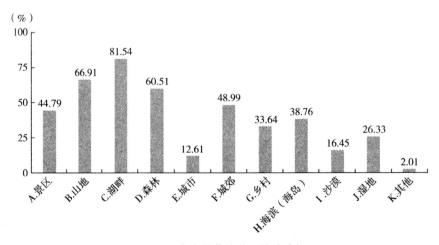

图 4-3　大众露营旅游目的地选择

对于露营出游方式的统计分析有助于对露营个体制约及人际制约因素的了解。通过对有效样本露营出游方式的统计（见图4-4），好友结伴露营出游被选中总次数的比例为70.20%，是最高被选中的选项；其次是以家庭为单位出游被选中总次数的比例为64.17%；独自一人出游及以社区、单位或俱乐部方式出游的则很少，被选中总次数的比例分别15.54%和12.98%。说明我国露营出游以多人出游为主，主要方式以好友结伴出游或是家庭出游为主。从露营旅游出游的主要方式可以看出，由于露营旅游很少以独自一人的方式出游，所以露营旅游很可能会受到人际制约因素的影响。

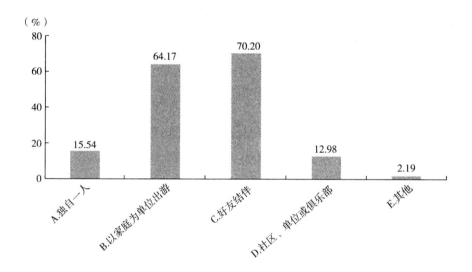

图4-4 大众露营旅游出游方式

对于露营旅游住宿方式的统计分析也有助于对露营制约因素的进一步分析。通过对有效样本露营旅游住宿方式的统计（见图4-5），帐篷被选中总次数的比例为91.68%，是最高的也是最主要的被选中的选项；其他露营住宿方式被选中总次数的比例都较低，分别为营地特色小屋（16.42%）、营地房车（12.15%）、自驾房车（10.66%）以及营地酒店（10.66%）。反映出目前我国露营旅游过夜方式主要以帐篷为主，可能是帐篷露营更贴近自然的生活方式，更便于露营出行，露营房车的选择比例较低，可能是露营出行的便捷性、出行的成本及露营房车的低普及度所致。

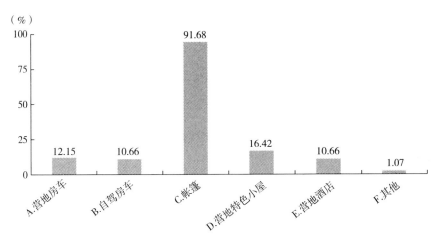

图 4-5 大众露营旅游住宿方式

　　掌握露营旅游群体在露营过程中对各类运动项目的需求情况，有助于进一步分析露营旅游的制约因素。通过对有效样本露营旅游过程中对各类运动项目的需求情况的调查统计（见图 4-6），徒步在所有项目中被选中总次数的比例最高，为 56.67%，其次是森林探险（52.10%），再次是娱乐性体育项目（47.71%）和钓鱼（38.57%），其余的项目被选中次数则较低，比例分别为康养运动（25.59%）、传统特色地方体育项目（24.86%）、冰雪类项目（17.37%）及蹦极等极限运动（10.79%）。徒步是露营旅游最受欢迎的运动项目，步行在大自然中，呼吸新鲜空气，将周围风景尽收眼底，在有氧运动的同时，愉悦身心，调节精神状态，增进身心健康。

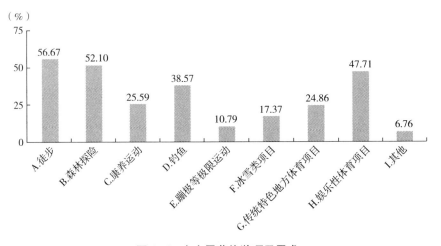

图 4-6 大众露营旅游项目需求

4.3 本章小结

　　本章调查结果显示，调查所采集的有效样本的人口学特征基本符合目前我国的人口学特征。目前，我国大众露营旅游参与以中青年为主；公司职员、专业技术人员及高学历层次群体成为露营旅游参与的主体。现阶段，我国大众露营旅游出现了部分参与露营但不在户外过夜的群体；体验参与和偶尔参与的群体占到了露营群体的近半数；一年以下的露营群体占总体样本的 52.47%；这些都反映出我国露营旅游处于起步发展阶段的特征。从露营旅游参与的部分具体特征可出看出，人们露营旅游参与信息获取方式主要来自微信、抖音、小红书等社会化媒介平台；人们更多选择了远离城市的湖畔、山地和森林作为露营旅游的目的地，并以帐篷露营为主；出游方式以好友结伴出游或是家庭出游为主；露营旅游倾向于徒步、森林探险、娱乐性体育项目和钓鱼等。

5 我国大众露营旅游参与的
制约因素分析

本章在我国大众露营旅游参与的制约因素描述性分析的基础上，从不同性别、收入、教育程度、参与频率等角度探讨不同露营群体间制约因素的差异性，以回应休闲制约理论对不同阶层休闲制约因素差异性研究的重视。

5.1 我国大众露营旅游参与的制约因素维度分析

5.1.1 个体制约维度

个体制约因素主要反映的是影响个体露营旅游内在的心理状态。本书采用6项指标测量个体制约因素。统计结果显示（见表5-1），样本均值介于2.48~3.24，标准偏差在1.11~1.25，峰态值介于-0.98~-0.53，偏态值介于-0.17~0.35。符合 Kline（2005）所提出的偏态绝对值小于2以内，峰态绝对值小于7，则表示研究数据符合正态分布的标准。从统计分析可以看出个体制约因素中CP04（担心户外出现意外得不到及时救护）的平均值最大为3.24；CP06（没有太大的兴趣）的平均值最小为2.48，代表受访者对于 CP04 最为认同，对 CP06 认同度较低。

由于露营旅游目的地一般远离城市，露营旅游的交通、基础设施及户外不可预测因素等存在，露营旅游的安全因素是影响个体制约感知的主要方面，尤其是对于户外出现意外时的救护成为影响个体参与最重要的因素。焦玲玲和章锦河（2009）

表5-1 个体制约因素描述统计

变量	均值	标准偏差	峰态	偏态
CP01：缺乏足够的安全感（如野营担心受到动物伤害等）	3.22	1.14	-0.68	-0.13
CP02：缺少露营技能	2.79	1.25	-0.98	0.08
CP03：露营装备收拾起来太麻烦	3.07	1.15	-0.77	-0.13
CP04：担心户外出现意外得不到及时救护	3.24	1.11	-0.53	-0.17
CP05：担心受到别人骚扰、伤害	3.03	1.20	-0.79	0.01
CP06：没有太大的兴趣	2.48	1.20	-0.75	0.35

指出，由于露营旅游受天气、气候及户外环境的影响相对于其他传统的旅游活动要大得多，再加之露营旅游者的自主性与随意性较大，更增加了露营旅游活动的风险性，露营旅游的安全问题始终是不容忽视的。Antaihao 等（2013）研究指出，缺乏露营安全和预防教育是制约露营旅游安全的主要因素。受访者对于没有太大的兴趣的认同度较低，可能与本书调查对象有关，由于调查对象为有露营经验的群体及正在露营的群体，所以部分被调查者已经形成了露营旅游的兴趣，因此对其认同度较低。

5.1.2 人际制约维度

人际制约主要反映的是露营旅游参与过程中个体间人际交往的影响结果，如缺乏同伴以及家庭成员支持等，本书采用4项指标测量人际制约因素。统计结果显示（见表5-2），样本均值介于 2.67～3.27，标准偏差在 1.18～1.33，峰态值介于-1.11～-0.89，偏态值介于-0.17～0.13，表明研究数据符合正态分布。从统计分析可以看出，CI01（没有同伴或朋友一起去）的平均值最大为 3.27；CI04（得不到专业人员的指导与帮助）的平均值最小为 2.67，代表受访者对于CI01 最为认同，对 CI04 认同度较低。

表5-2 人际制约因素描述统计

变量	均值	标准偏差	峰态	偏态
CI01：没有同伴或朋友一起去	3.27	1.23	-0.91	-0.17
CI02：配偶或家人不同意或不支持	2.76	1.33	-1.11	0.13
CI03：受家人以及生活圈子的影响（如周围没有人参加或邀约一起参加露营等）	3.00	1.22	-0.89	-0.13
CI04：得不到专业人员的指导与帮助	2.67	1.18	-0.91	0.11

由第 4 章我国露营旅游出游方式可知，目前我国露营以好友结伴出游或是家庭出游为主，所以露营旅游很可能会受到人际制约因素的影响。对于人际制约因素的样本统计佐证了这一分析结果。没有同伴或朋友同行成为受访者露营参与最主要的人际制约因素，这可能与露营旅游自身的特点及我国一直以来较为重视人际关系有关。受访者对于得不到专业人员的指导与帮助的认同度较低，可能与本书的调查对象有关。本书的调查对象中体验参与和偶尔参与的群体占到样本总数的近一半，这部分群体的露营参与一般都以经营性露营为主，对于露营技能的要求不高，即使是参与非经营性露营，也往往跟随露营群集体出游，因此对"得不到专业人员的指导与帮助"这一测量题项的影响感知较低。

5.1.3 机会制约维度

结构性制约因素主要是指影响个体休闲偏好或休闲参与的外在因素，户外游憩的制约因素主要表现在结构性制约因素层面，本书将结构性制约因素分为机会制约、管理制约、环境制约以及社会制约四个方面，所以分别从这些方面进行分析。机会制约反映了露营者在参与露营过程中对露营信息、时间、距离、费用及露营地方面的影响，本书采用 4 项指标测量机会制约因素。统计结果显示（见表 5-3），样本均值介于 3.10~3.58，标准偏差在 1.04~1.25，峰态值介于 -0.71~ -0.33，偏态值介于 -0.59~-0.04，说明研究数据符合正态分布。统计结果显示，CC04（缺少可自由支配的露营时间）的平均值最大为 3.58，CC03（露营出游的费用太高）的平均值最小为 3.10，代表受访者对于 CC04 最为认同，对 CC03 的认同度较低。

表 5-3　机会制约因素描述统计

变量	均值	标准偏差	峰态	偏态
CC01：获取合适的露营地信息困难	3.50	1.25	-0.68	-0.55
CC02：露营地太远	3.39	1.15	-0.54	-0.45
CC03：露营出游的费用太高	3.10	1.04	-0.33	-0.04
CC04：缺少可自由支配的露营时间	3.58	1.16	-0.37	-0.59
CC05：免费的公共露营地太少	3.40	1.24	-0.71	-0.40

"缺少可自由支配的露营时间"在机会制约层面成为最为重要的影响感知因素。由第 4 章样本总体的露营旅游参与特征可以看出，进行两天露营旅游的样本

在半数以上，主要集中在周末以及小长假，这与我国的节假日制度安排有关，但同时也反映出露营群体在露营旅游可自由支配时间方面缺乏足够的支配空间，可能与用人单位的带薪休假以及灵活的调休制度有效执行有关。受访者对露营旅游费用的影响感知较低，反映出目前人们的消费正呈现出不断升级的发展态势。

5.1.4 管理制约维度

管理制约反映了露营者在露营过程中所感知到的来自管理方面的影响，本书采用 3 项指标测量管理制约因素。统计结果显示（见表 5-4），样本均值介于 3.25~3.79，标准偏差在 0.98~1.19，峰态值介于-0.85~-0.08，偏态值介于 -0.56~-0.23，表明研究数据符合正态分布。统计结果显示，CM03（露营的相关管理太差）的平均值最大为 3.79；CM01（露营基础设施、配套条件太差）的平均值最小为 3.25，代表受访者对于 CM03 最为认同，对 CM01 认同度较低。

表 5-4 管理制约因素描述统计

变量	均值	标准偏差	峰态	偏态
CM01：露营基础设施、配套条件太差	3.25	1.19	-0.85	-0.25
CM02：露营费太贵或不合理	3.36	1.15	-0.75	-0.23
CM03：露营的相关管理太差	3.79	0.98	-0.08	-0.56

目前，我国的露营旅游呈现出快速发展的态势，虽然国家出台了相应的露营规范和标准，但对于露营的管理，尤其是在露营服务的多元化、个性化、多层次等方面亟待提升，因此对于露营旅游的相关管理的影响感知较为明显。由于目前我国经营性露营地的管理，尤其是服务未能有效地满足人们露营旅游的消费需求的不断攀升，随着露营旅游的深入，部分露营群体则转向空间广阔的野营，这部分群体倾向于自我动手能力的提升或是自我成就感的实现，对于露营基础设施或配套条件的影响感知则不太敏感。

5.1.5 环境制约维度

环境制约反映了露营者在露营过程中所感知到的来自露营环境方面的影响，本书采用 4 项指标测量环境制约因素。统计结果显示（见表 5-5），样本均值介于 3.55~4.07，标准偏差在 0.91~1.00，峰态值介于-0.73~0.22，偏态值介于

-0.80~-0.09，表明研究数据符合正态分布。统计结果显示，CE02（露营地潜在的危险）的平均值最大为4.07；CE01（难以预测的天气状况）的平均值最小为3.55，代表受访者对于CE02最为认同，对CE01认同度较低。

表5-5　环境制约因素描述统计

变量	均值	标准偏差	峰态	偏态
CE01：难以预测的天气状况	3.55	0.97	-0.73	-0.09
CE02：露营地潜在的危险（如河水暴涨、山体滑坡等）	4.07	0.97	0.00	-0.80
CE03：露营地生态环境遭到破坏	3.93	1.00	-0.29	-0.67
CE04：露营卫生状况差	3.93	0.91	0.22	-0.62

由于露营旅游户外跨昼夜休憩、出游时间较长等特点，露营旅游较传统的观光旅游对环境的依赖性更大。对于非经营性露营目的地的选择，露营都需要考虑环境的影响。由于河水暴涨对露营目的地的破坏及山体滑坡对露营交通的阻断等因素都成为露营旅游的影响因素，受访者对于这方面的影响感知较为明显。相对而言，对于生态环境和露营卫生状况的影响感知次之，这也与人们露营的环保意识有关，而对于天气状况的影响的认同度不如其他的测量指标，这也反映出人们对于天气状况引发的各种户外潜在影响认识不足。目前国内由于天气引发户外伤害事故时有发生，也从侧面折射出人们对于天气对户外游憩参与影响知识的匮乏以及相关管理服务部门职能的缺失。

5.1.6　社会制约维度

社会制约反映了露营者在露营过程中所感知到的来自社会方面的影响，本书采用4项指标测量管理制约因素。统计结果显示（见表5-6），样本均值介于3.83~3.96，标准偏差在0.99~1.05，峰态值介于-0.12~0.58，偏态值介于-0.93~-0.66，表明研究数据符合正态分布。统计结果显示，CS04（营地过多的限制）的平均值最大为3.96，CS02（营地太吵）的平均值最小为3.83，代表受访者对于CS04最为认同，对CS02认同度较低。

表5-6　社会制约因素描述统计

变量	均值	标准偏差	峰态	偏态
CS01：营地人多，活动拥挤	3.86	1.01	0.21	-0.74
CS02：营地太吵（尤其是晚上）	3.83	1.05	-0.12	-0.66

续表

变量	均值	标准偏差	峰态	偏态
CS03：适合露营地点不让进入	3.86	0.99	0.24	-0.75
CS04：营地过多的限制（如不让用火，禁止自驾露营进入等）	3.96	1.02	0.58	-0.93

目前，我国的露营旅游形式大致可以分为经营性露营和非经营性露营。由于经营性露营地供给有限或是其管理服务不能满足露营的消费升级需求，众多非经营性露营在露营群主、露营产品带货博主的推动下呈现出迅猛的发展态势。非经营性露营的无序发展与野蛮式增长造成的一些生态破坏、环境污染、安全事故等社会问题，导致社会在缺乏管理经验的情形下大多对露营采取不同程度的限制，因此受访者感受到了不同程度的社会方面的制约，如禁止露营及营地的各种限制。Cole（2004）指出，户外游憩者在露营期间可能造成相当大的环境和社会影响。此外由于经营性营地供给有限，尤其是在节假日期间更是营位难求，不可避免地出现露营人多、活动拥挤等情况，给露营者带来了不同程度的影响。

5.2 我国大众露营旅游参与群体制约差异分析

不同个体对同一项目的制约感知不尽相同，不同项目对个体形成的制约感知亦不尽相同。随着制约领域研究的逐步深入，休闲制约的研究也从广泛的休闲制约研究聚焦到某一具体项目的研究层面。Hudson（2000）在对英国进行的滑雪制约研究中发现，个体在遇到结构制约之前，需要克服个体内在制约才能形成对滑雪的休闲偏好，但似乎人们并不一定要面对人际制约，这让人怀疑滑雪者是否存在这种类型的制约。但 Godbey 等（2010）在对休闲制约模型评价的研究指出，Hudson（2000）的研究中有滑雪经验的受访者比例高达55%，意味着这些受访者中的大多数可能已经成功地协商了个体制约，甚至是人际制约，并已经形成了对滑雪的偏好，这构成了一种既存条件，因此在解释这些不一致的研究发现时需要非常谨慎。

Godbey 等（2010）提出，对于休闲制约等级的解读不能仅停留在对字面意思的理解上，以至于认为休闲制约等级理论规定了参与者对每种制约的实际感知的强度。各个层面制约因素的重要性应该体现在，制约因素与活动参与、不参与之间的关系上（如个体制约因素最重要，是因为如果不克服个体制约因素，活动偏好不会形成或即使偏好存在也会减弱或消失）。由于每个人生活的社会环境、文化背景不尽相同，所以并非每个人都会面临同样的制约，每种制约对于不同个体也并非具有同样的强度，个体对各种制约因素感知的强度因人而异。很多学者已经认识到社会人口因素在制约研究中强度不同的重要性（Lee et al.，2001；Ghimire et al.，2014）。Godbey 等（2010）明确指出，人口统计变量与制约种类、程度之间存在密切关系。宋瑞和沈向友（2014）基于我国国民休闲制约的全国样本分析指出，不同群体所面临的制约因素存在一定的差异。基于此，本书针对不同露营群体对制约因素的感知特征进行探讨。

5.2.1　不同性别群体露营制约差异分析

不同性别制约因素的研究在制约研究领域是一项重要的研究内容。针对女性的休闲制约研究显示，女性的确比男性面临更多的制约，并且这些制约与文化的性别角色期望有关。Henderson（1991）指出，女性也可能有不同于男性的娱乐偏好。女性参与休闲活动的低水平与缺乏时间、兴趣、金钱、设施和机会等制约因素有关。Jackson 和 Rucks（1995）提出，无论年龄大小，女性在休闲活动方面总体上比男性受到更多的制约。Godbey 等（2010）提出，从现有的文献中发现了一个共同的现象，即女性在休闲活动中通常比男性受到更多的制约，尤其是个体的制约。

Frederick 和 Shaw（1995）认为，制约女性户外游憩活动的因素是对犯罪的恐惧，女性比男性更容易考虑安全问题。Ghimire 等（2014）的研究进一步指出，性别是户外游憩参与的障碍之一，同时指出女性与男性相比，女性认为她们受到了更多的个体和人际的制约。Lee 等（2001）从另一个角度指出，一些女性喜欢参加有关家庭护理和家庭问题的社区会议，而不是参加户外活动。由此可知，不同性别在参加户外游憩时面临或感知到的制约是不同的。谭建共和严宇文（2018）通过对大学生户外运动休闲的研究，认为女大学生在个体制约及结构性制约层面比男大学生感知的制约因素更为强烈。因此，本书对不同性别露营者的制约因素进行分析。

通过对我国不同性别露营旅游者制约因素的差异分析（见表5-7）可以看出，我国不同性别露营旅游者在个体制约维度和环境制约维度存在显著性差异；

而在人际制约、机会制约、管理制约及社会制约维度不存在显著性差异。结果显示，我国女性露营旅游者在个体制约和环境制约层面明显大于男性。这一结论同Godbey 等（2010）提出的女性在休闲生活中通常比男性受到更多的制约，尤其是与个体制约的结论相一致；Ghimire 等（2014）指出，与男性相比，女性认为她们受到了更多的个体制约的结论呈现出一致性。

表 5-7 不同性别露营群体制约因素方差分析

构面	性别	样本数	均值	标准差	t 值	p 值
个体制约	男性	478	2.90	0.92	-5.34	0.000
	女性	616	3.20	0.92		
人际制约	男性	478	2.89	0.98	-1.06	0.289
	女性	616	2.95	1.01		
机会制约	男性	478	3.24	0.86	10	0.991
	女性	616	3.24	0.85		
管理制约	男性	478	3.47	0.87	11	0.914
	女性	616	3.46	0.92		
环境制约	男性	478	3.75	0.80	-4.91	0.000
	女性	616	3.97	0.72		
社会制约	男性	478	3.95	0.75	2.47	0.014
	女性	616	3.82	0.91		

根据调查问卷的结果，结合制约因素影响程度感知的统计分析。在个体制约维度，女性认为缺乏足够的安全感的影响程度在影响较大及影响很大的比例分别占到了 27.97% 和 17.68%，女性对于安全感知方面的制约高达 45.65%，高于男性 36.44%，女性对于安全感方面的制约感知高出男性近 10 个百分点。女性担心受到骚扰、伤害的影响程度在影响较大以及影响很大的比例分别占到了 22.51% 和 16.72%，女性在这方面的制约感知比例高达 39.23%，高于男性 33.9%；女性担心户外出现意外得不到及时救护的影响程度在影响较大以及影响很大的比例分别占到了 33.44% 和 18.01%，女性在这方面的制约感知比例高达 51.45%，高于男性 34.32%；女性对于这方面的制约感知高出男性 17 个百分点。

女性认为缺乏露营技能的影响程度在影响较大以及影响很大的比例分别占到了 25.08% 和 13.83%，女性在这方面的制约感知比例高达 38.91%，高于男性

23.73%；女性对于这方面的制约感知高出男性 15 个百分点；女性认为露营装备整理的影响程度在影响较大以及影响很大的比例分别占到了 30.55% 和 15.76%，女性在这方面的制约感知比例高达 46.31%，高于男性 29.66%；女性对于这方面的制约感知高出男性近 16 个百分点。

在环境制约维度，我国女性露营旅游者的感知制约程度也明显大于男性。结合制约因素影响程度感知的统计分析，女性认为难以预测的天气状况的影响程度在影响较大以及影响很大的比例分别占到了 33.12% 和 24.44%，女性在这方面的制约感知比例高达 57.56%，高于男性 44.92%；女性对于这方面的制约感知高出男性近 13 个百分点；女性认为露营地潜在危险的影响程度在影响较大以及影响很大的比例分别占到了 32.48% 和 45.98%，女性在这方面的制约感知比例高达78.46%，高于男性 68.65%；女性对于这方面的制约感知高出男性近 10 个百分点；女性认为露营地卫生状况的影响程度在影响较大以及影响很大的比例分别占到了 35.69% 和 34.41%，女性在这方面的制约感知比例高达 70.1%，高于男性66.52%；而在露营地生态环境方面的制约感知，男女在影响较大以及影响很大的比例均达到 60% 以上，且男女间所占比例差别不大。

我国女性露营者在个体制约层面制约感知高于男性，呈现显著性差异：①女性的个体制约感知较高主要来自自身的安全感缺乏，担心户外出现意外得不到及时救护及担心户外受到骚扰、伤害等方面。这些都反映出女性在进行露营等户外活动时，比男性更重视对于安全问题的考量（Frederick and Shaw，1995）。女性比男性更关心她们自己的人身财产安全，女性出游失去了安全基础势必会对女性旅游造成严重影响，甚至可能造成创伤性影响，致使女性不再愿意参与旅游活动（范云峰，2011）。谭波和王丽娟（2021）指出，在大学生体育旅游参与阻力因素中，安全与风险因素对女生的制约程度明显大于男生，呈现显著性差异。张象等（2008）指出，家长考虑到人身安全总是嘱咐女性外出活动不要单独行动。Ghimire 等（2014）指出，女性参与户外娱乐活动，对自己的脆弱性和人身安全有更多的认识和关注。女性对于安全的担忧能够明显地影响女性的露营等户外参与，并可能成为参与任何被视为具有风险活动的制约因素。因此，重视女性群体露营旅游的安全、保障方面的提升成为露营等户外旅游消费的重要环节。②女性的个体制约感知较高亦源自露营装备整理方面及缺乏露营技能方面。张象等（2008）指出，缺乏运动的技术和技能会成为限制女性参与休闲体育活动的因素。露营旅游，尤其是进行非经营性露营旅游通常需要一定的露营技能，在这方面女性往往表现出技能不足或欠缺，因此露营技能也成为女性露营个体制约感知的重要方面。根据调查问卷的结果，在露营体验参与和偶尔参与中，女性露营比例分别高达 79.55%和 60.14%，这也说明女性可能在露营体验参与和偶尔参与中面临较多的来自露营装备整理以及露营技能方面的个体制约。

我国女性露营者在环境制约层面制约感知高于男性，呈现显著性差异：①女性的环境制约感知较高，主要源自难以预测的天气状况及露营地潜在危险等方面。女性旅游者对旅游目的地自然环境的安全感知较强，这在一定程度上折射出女性旅游者对旅游环境安全的重要性感知较为敏感（乔小燕，2019）。女性在旅游时希望环境是安全的，年轻女性对旅游周围环境是否安全十分关心，它甚至可能成为影响女性旅游的决定性因素（范云峰，2011）。因此，女性对于露营旅游的环境制约感知较男性呈现出更为敏感的特征。②女性对露营地的卫生环境的制约感知反映出女性对露营环境卫生状况的重视程度要大于一般的男性。由于特殊的生理和心理需求及丰富的生活经验，女性对旅游服务有较高的和更细腻的需求（范云峰，2011）。大多数女性都是感性的，心思比较细腻，故她们对旅游过程中的卫生条件非常重视（裴小雨，2017），尤其是对露营这种户外宿营、活动的旅游项目的卫生环境条件更为重视。

5.2.2 不同收入群体露营制约差异分析

不同收入和不同教育程度群体所感知的制约因素是不同的。早在休闲制约研究的初期就提出了关于不同社会阶层休闲制约的命题。Jackson（1990）指出，收入较高和受教育程度较高的个体在活动参与方面受到的个人和人际约束较少或较弱。Crawford 等（1991）对休闲制约等级模型的研究而得出的命题之一，即社会较高阶层受休闲制约的影响可能比目前人们感知到的制约更小，也就是说受制约的体验与社会阶层有关。研究进一步指出，社会分层及其与休闲制约的关系问题似乎是未来研究的一个有前景的领域。

Macarville Smale（1993）发现，收入较低的人可能比富裕的人受到的制约因素更多。Lee 等（2001）指出，由于参与大多数户外娱乐活动需要经济资源，收入有助于个体积累财政资源，所以收入很可能对参与户外游憩形成支撑。有研究指出，收入是预测公园游览制约的唯一最佳因素。Johnson 等（2001）发现，收入较低的人更有可能面临更多的障碍，如缺乏交通工具。Ghimire 等（2014）指出，收入较高的人认为他们受到个体、人际和结构性制约的影响较少。由此，本书探讨不同收入群体的露营制约因素，以揭示不同社会阶层露营的制约因素特征。

通过对我国不同收入露营群体制约因素差异分析（见表5-8），可以看出我国不同收入露营群体除了在社会制约层面差异不具显著性外，在个体制约、人际制约、机会制约、管理制约及环境制约等层面均呈现出显著的差异性，说明不同收入露营旅游群体面临着不同层面的制约差异。

表5-8　不同收入群体露营制约因素方差分析

构面	月收入	样本数	均值	标准差	F 值	p 值	事后检验 Scheffe
个体制约	5000 元以下	174	3.34	0.84	12.28	0.000	1>2
	5000~10000 元	443	2.94	0.89			1>3
	10001~15000 元	198	3.04	0.89			1>4
	15001~20000 元	122	2.73	0.76			1>5
	20001 元以上	157	2.76	1.03			
	总计	1094	2.97	0.91			
人际制约	5000 元以下	174	3.16	0.98	4.15	0.002	1>4
	5000~10000 元	443	2.95	1.03			1>5
	10001~15000 元	198	2.86	0.94			
	15001~20000 元	122	2.79	0.76			
	20001 元以上	157	2.78	1.12			
	总计	1094	2.92	1.00			
机会制约	5000 元以下	174	3.52	0.86	16.73	0.000	1>4
	5000~10000 元	443	3.45	0.92			1>5
	10001~15000 元	198	3.65	0.79			2>4
	15001~20000 元	122	2.93	0.87			2>5
	20001 元以上	157	3.14	1.00			3>4
	总计	1094	3.39	0.92			3>5
管理制约	5000 元以下	174	3.63	0.92	4.89	0.001	1>4
	5000~10000 元	443	3.43	0.93			3>4
	10001~15000 元	198	3.59	0.83			
	15001~20000 元	122	3.23	0.81			
	20001 元以上	157	3.41	0.89			
	总计	1094	3.47	0.90			

续表

构面	月收入	样本数	均值	标准差	F 值	p 值	事后检验 Scheffe
环境制约	5000 元以下	174	4.04	0.69	4.14	0.002	1>4
	5000~10000 元	443	3.85	0.78			
	10001~15000 元	198	3.93	0.72			
	15001~20000 元	122	3.73	0.82			
	20001 元以上	157	3.79	0.78			
	总计	1094	3.87	0.76			
社会制约	5000 元以下	174	3.98	0.70	2.25	0.062	
	5000~10000 元	443	3.87	0.82			
	10001~15000 元	198	3.96	0.80			
	15001~20000 元	122	3.74	0.79			
	20001 元以上	157	3.80	1.08			
	总计	1094	3.88	0.84			

统计结果显示，5000 元以下的较低收入群体感知了来自更多层面的露营参与制约因素。经 Scheffe 法进行事后比较可知，在个体制约层面，5000 元以下的较低收入群体对此方面的制约感知明显高于其他较高收入群体。在人际制约层面，5000 元以下的较低收入群体对此方面的制约感知亦明显高于 15001~20000 元收入群体和 20001 元以上的收入群体。在机会制约层面，5000 元以下的较低收入群体、5000~10000 元收入群体和 10001~15000 元收入群体对于此方面的制约感知则明显高于 15001~20000 元收入群体和 20000 元以上的收入群体。在管理制约层面，5000 元以下的较低收入群体和 10001~15000 元收入群体则明显高于 15001~20000 元收入群体。在环境制约层面，5000 元以下的较低收入群体对于此方面的制约感知明显高于 15001~20000 元收入群体。在社会制约层面，各收入群体则没有表现出显著性差异。

可以看出，较低收入群体比较高收入群体感知到了更多层面的制约影响，这些制约分别来自个体制约、人际制约、机会制约、管理制约及环境制约。这一结论与 Macarville 和 Smale（1993）发现，收入较低的人可能比富裕的受访者报告更多的制约因素等的结论相一致。王铁新和王琨（2016）提出，经济收入越低的中年群体，结构性限制因素作用越强。

露营作为欧美度假旅游的一种重要形式，在露营旅游发展的早期一度成为欧美中产阶级重要的身份标签之一（农丽媚和杨锐，2019）。中产阶层通常在文化旅游消费方面具有引领作用（王笑宇，2021），而度假旅游是中产阶层休闲活动的主要特征（邵雪梅，2013）。从目前我国露营旅游参与群体收入分布"橄榄型"特征可以看出，露营这一新兴的旅游度假形式的参与群体主要来自中等收入群体，另外也受到了高收入群体的青睐。毫无疑问，不同收入群体参与由中等收入群体所主导的旅游形式时，所面临的制约影响则不尽相同，尤其当涉及时间、旅游费用等这些机会层面的制约时更为明显。道格拉斯克雷伯等（2014）指出，低收入群体往往面临拥有较少的休闲时间（因为较低工资而不得不工作更久）和居住分离（因为居住在低收入地区，可能不能进入那些收入较高区域参与休闲项目等）问题。从统计结果可以看出，收入较低的群体比收入较高的其他群体感知到了更多来自机会层面的制约影响。时间、旅行成本、地理上的可达性等机会层面的因素则是制约户外休闲活动的关键因素（埃德加·杰克逊，2009）。

低收入群体比较高收入的其他群体感知到了明显的个体制约，在人际制约层面，低收入的群体相对高收入的两类群体感受到了明显的制约影响。在管理制约和环境制约层面，较低收入群体比较高收入群体的制约感知也较为明显。这一研究与 Ghimire 等（2014）认为，收入较高的群体受到个体、人际和结构性制约的影响较少的结论一致。周琭璐（2020）认为，收入的高低显著影响个体休闲参与，收入越高个体参与休闲的可能性越高，收入越低个体参与露营等休闲项目的可能性越低，反映出较低收入群体在参与露营时受到了较多制约因素的影响。

5.2.3 不同教育程度群体露营制约差异分析

度假旅游的群体一直存在各种阶层的复杂交织（农丽媚和杨锐，2019）。Alexandris 等（1997）发现，受教育程度较低的个体对制约的感知较高。Lee 等（2001）指出，由于参与大多数户外娱乐活动需要文化资源，教育则有助于个体更大的社会化。Johnson 等（2001）发现，美国全年 60%~80% 的公园游客是大学毕业生。Ghimire 等（2014）指出，受教育程度较高的人认为他们受到人际制约的影响较少。由此，本书探讨不同教育程度的露营制约因素，进一步揭示不同社会阶层露营的制约因素特征。

通过对我国不同教育程度群体制约因素差异分析（见表 5-9），可以看出，我国不同教育程度露营群体除了在社会制约层面差异不具显著性外，在个体制约、人际制约、机会制约、管理制约及环境制约等层面均呈现出显著的差异性。

表 5-9 不同教育程度群体露营制约因素方差分析

构面	学历	样本数	均值	标准差	F 值	p 值	事后检验 Scheffe
个体制约	大专及以下	274	2.70	0.83	35.47	0.000	2>1
	本科	614	2.95	0.92			3>1
	硕士及以上	206	3.38	0.83			3>2
	总计	1094	2.97	0.91			
人际制约	大专及以下	274	2.66	0.83	30.26	0.000	2>1
	本科	614	2.90	1.00			3>1
	硕士及以上	206	3.35	1.07			3>2
	总计	1094	2.92	1.00			
机会制约	大专及以下	274	3.17	0.81	17.63	0.000	2>1
	本科	614	3.40	0.96			3>1
	硕士及以上	206	3.67	0.86			3>2
	总计	1094	3.39	0.92			
管理制约	大专及以下	274	3.19	0.89	22.83	0.000	2>1
	本科	614	3.50	0.87			3>1
	硕士及以上	206	3.72	0.89			3>2
	总计	1094	3.47	0.90			
环境制约	大专及以下	274	3.78	0.73	4.57	0.011	3>1
	本科	614	3.87	0.78			
	硕士及以上	206	3.99	0.75			
	总计	1094	3.87	0.76			
社会制约	大专及以下	274	3.84	0.84	1.47	0.229	
	本科	614	3.92	0.82			
	硕士及以上	206	3.81	0.91			
	总计	1094	3.88	0.84			

统计结果显示，硕士及以上学历的露营群体感知到来自更多层面的制约影响。在个体制约层面，硕士及以上学历群体对此方面的制约感知明显高于本科学历层次和大专及以下学历层次的群体，而本科学历层次群体对此方面的制约感知又明显高于大专及以下学历层次的群体。在人际制约、机会制约、管理制约层面，不同学历层次感知的制约程度同样呈现出与个体制约感知相同的规律。在环境制约层面，硕士及以上学历的露营群体制约感知明显高于大专及以下学历层次

的群体，而在社会制约层面，不同学历层次的制约感知则没有呈现差异性显著。

　　不同学历层次对个体制约、人际制约、机会制约及管理制约等方面的制约感知差异呈现出显著性，且学历层次越高感受到的这几方面的制约越明显，即不同学历层次群体随着学历层次的提升感受到的个体制约、人际制约、机会制约及管理制约越明显。虽然不同学历层次在社会制约层面的制约感知不存在差异性，但在环境制约层面，高学历群体对环境制约的感知明显高于较低学历层次的群体。这一研究结果与国外研究结果大相径庭。国外研究认为受教育程度较低的个体对制约的感知较高，受教育程度较高的人认为他们受到人际制约的影响较少（Lee et al.，2001；Ghimire et al.，2014）。但该结论却支持了宋瑞和沈向友（2014）提出的教育程度越高的人体验到的时间限制也越大的结论。究其原因，可能由于在不同文化情境下，教育对户外参与的不同经历和认知所致。在国外，人们从小受户外教育熏陶，户外参与已经成为人们生活中的一部分，且随着学历层次的提升，人们对于各种制约所能采取的协商策略资源越丰富，人们对于制约的感知也就越小。即教育有助于个体更大的社会化，教育很可能对户外游憩参与形成支撑（Lee et al.，2001）。教育对休闲参与的影响体现在教育过程中对休闲习惯的培养、休闲资源的提供等方面（周琭璐，2020）。而在我国，户外教育一直是我们教育体系的一个短板。通常情况下，学历层次越高，开始工作、参与户外休闲的时间越晚，对于露营这种需要一定户外技能和经验的旅游项目来说，可能学历层次越高，反而感知到的各种制约越明显。

5.2.4　不同参与频率群体露营制约差异分析

　　"体育旅游参与模型"描述了体育旅游者由初级参与者到一般参与者再到职业参与者的体验变化（张晓磊和李海，2021）。随着体育旅游参与者体验的逐步深入，其专业化水平也在逐步提升，参与个体所感知的制约因素则有所不同。Crawford等（1991）在休闲制约等级模型的研究中指出，制约模型可以进一步理解参与休闲活动的专业化，个体参与的专业化水平显示受到制约的影响。Godbey等（2010）提出，个体参与不同阶段的休闲活动，追求更高的专业化水平或体验质量的制约因素不尽相同。一些相关研究结果也佐证了类似的结论。Hudson等（2000）在对英国进行的滑雪制约研究中发现，个体似乎不一定要面对人际制约。但由于其研究的受访者有滑雪经验的比例非常高，意味着这些受访者中的大多数可能已经成功地协商了个体制约，甚至是人际制约，并已经形成了对滑雪的偏好，这构成了一种既存条件，也佐证了参与个体专业化水平的高低所感知的制约因素不尽相同的结论。

Kim 等（2013）指出，休闲专业化的概念已应用于露营这一细分领域。其研究结果显示，更专业的露营者往往比一般的露营者更容易感受到限制因素。Ram 等（2020）对以色列经常露营者、偶尔露营者和非露营者等不同群体的露营偏好和障碍差异进行了研究，结果显示，经常露营的人报告的制约比偶尔的、一次性的和不露营的人要少，不同的露营频率组都认为拥挤是最重要的障碍，经常露营的人比不露营的人更少关注体育设施和活动，非露营者比露营者遇到更多障碍，特别是在信息差距（营地位置）和露营设备方面。一般情况下，露营参与频率与其露营专业化水平是成正比的。个体专业化不同、参与阶段不同，其制约因素不尽相同。基于此，本书参照 Ram 等（2020）研究的划分标准，将人们一年内参与露营的不同频次划分为，体验参与（1 次及以下）、偶尔参与（2~3 次）、一般参与（4~5 次）以及经常参与（6 次及以上）等不同群体，从露营参与频率角度探讨个体不同的参与频率其制约因素的差异情况，以探讨露营专业化水平与制约因素之间的关系。

通过对我国不同的露营参与频率群体制约因素差异分析（见表 5-10），可以看出我国不同的露营参与频率群体在个体制约和人际制约层面呈现出显著的差异性，而在机会制约、管理制约、环境制约及社会制约层面的差异则不具有显著性。

表 5-10　不同参与频率群体露营制约因素方差分析

构面	露营参与频率（年）	样本数	均值	标准差	F 值	p 值	事后检验 Scheffe
个体制约	体验参与（1 次及以下）	173	3.15	0.87	6.39	0.000	1>4
	偶尔参与（2~3 次）	308	3.07	0.88			2>4
	一般参与（4~5 次）	142	2.88	0.86			
	经常参与（6 次及以上）	471	2.86	0.93			
	总计	1094	2.97	0.91			
人际制约	体验参与（1 次及以下）	173	3.12	0.98	10.63	0.000	1>4
	偶尔参与（2~3 次）	308	3.07	0.98			2>4
	一般参与（4~5 次）	142	3.01	1.03			3>4
	经常参与（6 次及以上）	471	2.73	0.98			
	总计	1094	2.92	1.00			

续表

构面	露营参与频率（年）	样本数	均值	标准差	F 值	p 值	事后检验 Scheffe
机会制约	体验参与（1次及以下）	173	3.43	0.84	2.53	0.056	
	偶尔参与（2~3次）	308	3.48	0.91			
	一般参与（4~5次）	142	3.45	0.94			
	经常参与（6次及以上）	471	3.31	0.95			
	总计	1094	3.39	0.92			
管理制约	体验参与（1次及以下）	173	3.48	0.85	1.31	0.270	
	偶尔参与（2~3次）	308	3.54	0.91			
	一般参与（4~5次）	142	3.45	0.88			
	经常参与（6次及以上）	471	3.41	0.92			
	总计	1094	3.47	0.90			
环境制约	体验参与（1次及以下）	173	3.85	0.81	1.82	0.142	
	偶尔参与（2~3次）	308	3.93	0.76			
	一般参与（4~5次）	142	3.96	0.71			
	经常参与（6次及以上）	471	3.82	0.76			
	总计	1094	3.87	0.76			
社会制约	体验参与（1次及以下）	173	3.85	0.77	0.84	0.473	
	偶尔参与（2~3次）	308	3.92	0.80			
	一般参与（4~5次）	142	3.94	0.89			
	经常参与（6次及以上）	471	3.84	0.88			
	总计	1094	3.88	0.84			

统计结果显示，体验参与群体和偶尔参与群体对于个体制约的感知要明显大于经常参与群体，但是，一般参与群体同体验参与群体、偶尔参与群体及经常参与群体之间没有显著差异；体验参与群体、偶尔参与群体及一般参与群体对于人际制约方面的感知则分别明显大于经常参与群体。

我国不同露营参与频率群体制约因素差异主要体现在个体制约和人际制约层面，并且呈现出低参与频率明显大于高参与频率的特征。这一结论与 Ram 和 Hall（2020）提出的经常露营的人报告的制约比偶尔的、一次性露营的人要少的结论相一致。究其原因，经常露营旅游的群体在面临同样的制约类型时可能会更有效地通过协商策略对制约因素进行变通，从而会受到更少的制约影响。而低参与频率群体在面对制约时，由于以往露营经验所限，专业化水平不足会使露营者受到更明显的制约影响。低参与频率群体感知到的制约则主要来自个体制约和人际制约层面，这一结论也佐证了 Crawford 等（1987）和 Crawford 等（1991）的观点，即制约因素不仅影响参与而且影响偏好，并且主要通过"个体制约因素"或"人际制约因素"或是两者的共同作用严重影响休闲偏好。由于低参与频率群体未能形成稳定的露营旅游的偏好，所以感知到的制约类型主要来自个体制约和人际制约层面。

5.3　本章小结

本章对我国大众露营旅游参与的制约因素和不同群体制约因素差异性分析结果显示：安全因素成为影响个体制约的主要方面；没有同伴或朋友同行成为露营参与最主要的人际制约因素；缺少可自由支配的露营时间是机会制约层面最重要的影响因素；经营性露营的低效供给是管理制约维度主要的影响因素；对于露营环境制约的感知首要来自环境安全层面，而对生态层面、卫生层面的环境制约感知次之；社会制约维度主要是来自非经营性露营的社会性限制。

我国女性露营旅游者在个体制约和环境制约层面明显大于男性。不同收入露营群体在个体制约、人际制约、机会制约、管理制约及环境制约等层面均呈现出显著的差异性，且表现出较低收入群体比较高收入群体感知到了更多层面的制约影响。不同学历层次群体随着学历层次的提升感受到的个体制约、人际制约、机会制约及管理制约越明显。体验参与和偶尔参与群体在个体制约和人际制约层面的制约感知与其他群体呈现出差异性，主要是未能形成稳定的露营旅游偏好所致。

6 我国大众露营旅游制约因素 对露营参与影响的实证研究

对各维度制约因素重要性的理解应该体现在制约因素与活动参与、不参与之间的关系来讨论（Godbey et al.，2010）。因此，本章在休闲制约等级理论框架下，探讨我国露营各维度制约因素对露营参与的影响，并进一步探讨制约因素间的交互作用。

6.1 制约模型构建的理论依据

休闲制约研究作为西方休闲学一个独特的分支领域，始于20世纪80年代初。Francken 等（1981）在对休闲活动满意度的研究中指出，内部制约比外部制约更能引起参与者的不满。Boothby 等（1981）在对停止参与活动原因的研究中对制约因素进行了初步分类。这些早期的研究被视为休闲制约理论的萌芽阶段。Jackson 和 Searle（1985）最早提出休闲制约的模型，在这个模型中隐含着一个命题，即制约的影响可以被依次感知和体验，而不是同时被感知和体验。Crawford 和 Godbey（1987）以及 Crawford 等（1991）则明确提出了基于三种休闲障碍而构建的休闲制约等级模型。Jackson 等（1993）对此模型加以扩展，随后休闲制约等级模型被广泛采用，成为研究休闲行为的重要工具。

6.2 我国大众露营旅游参与的制约模型构建

6.2.1 制约因素文献回顾与研究假设

目前对于休闲领域的制约研究一般遵循了休闲制约等级的研究框架，即从个体制约、人际制约以及结构性制约三个层面进行分析。Crawford 等（1991）对休闲制约等级模型的研究认为，仅研究一种类型的制约是不可能对受制约的休闲参与作出全面的充分解释的，未来的研究中有必要同时研究整个系列的制约——个体的、人际的和结构的。只有在这种广泛的背景下，研究才有可能更加深入。事实上，无论何种休闲参与都会不同程度地受到个体以及人际的制约影响。由此，提出以下假设：

H1：个体制约对露营参与存在显著影响；

H2：人际制约对露营参与存在显著影响。

Ito 等（2020）指出，关于休闲制约因素是否可以被归为三个类型，一直存在争议；其研究进一步指出，三类休闲制约因素可能过于简单化，缺乏文化的敏感性，研究人员可以根据他们研究的具体休闲活动类型进行调整。Casper 等（2011）明确指出，缺乏时间和设施虽然都属于相同的结构性制约因素，但这些障碍的性质却有根本的不同；其进一步指出，对于美国青少年来说，由兴趣、知识、心理、伙伴、设施、可及性和时间组成的七因素模型比传统的二因素模型更稳定。朱志强等（2017）将福州居民体育健身休闲的制约因素分为个人制约、人际制约、服务管理、环境状况和休闲机会五个维度，且得到了较好的验证。侯平平和姚延波（2021）基于扎根理论将制约因素分为——身心安全制约、支持性制约、旅游产品和服务供给制约、目的地属性制约、参与后体验制约五个维度。黄民臣等（2021）认为，徒步的制约因素可以分为个人内在因素、人际间因素、休闲设施、闲暇时间、环境状况、经济因素、交通可达性七类维度的制约因素。

这些国内外的相关研究均表明传统的三类休闲制约因素分类可能的确过于简单化。

传统的制约等级研究框架，其研究对象是广义的休闲活动，除了个体制约因素和人际制约因素外，其他制约因素都归为结构性制约因素，而在户外游憩活动的制约因素研究中，其制约因素主要集中在结构性制约层面，因为结构性制约因素涉及的方面较为复杂。因此，本书尝试将结构性制约因素进一步细化（相关论述见户外游憩制约因素相关研究以及量表维度的确立部分）为机会制约、管理制约、环境制约以及社会制约四个方面。

户外游憩活动的机会供应应该共享。管理部门、社区或企业未能有效或充分抓住向游客传达可以获得户外游憩活动的机会，同样导致了缺乏信息这样的隐形结构制约的产生。管理部门、社区和旅游企业是共生和合作的关系，若游客和当地居民未能获得更多的信息和机会，则对这些部门、企业也将是一种结构性制约。Jacob 和 Schreyer（1980）指出，户外游憩活动的可达性，即能够到达户外游憩活动地点的可能性，也是影响户外游憩的结构性制约因素之一。Ram 和 Hall（2020）的研究表明，对于所有受访者来说，露营的主要障碍之一是露营地相对于国内其他度假地而言相对偏远。因此，由于获取合适的露营地信息障碍以及露营地点相对偏远等因素而产生的制约，对露营参与存在一定程度上的影响。由此，提出以下假设：

H3：机会制约对露营参与存在显著影响。

若允许资源破坏、拥挤现象、游客冲突等现象的存在，露营的体验质量将大打折扣，人们将寻找可替代的地方，或者改变露营活动。Grzinic 等（2010）提出，露营旅游虽然被认为是一种选择性的旅游形式，但基础设施改善和露营地质量的提升对露营参与者是非常重要的。Milohni 和 Bonifai（2014）研究指出，品质化的露营产品、创新的露营住宿形式、项目和户外活动是露营可持续发展以及保持竞争力的关键。

由此，提出以下假设：

H4：管理制约对露营参与存在显著影响。

由于露营旅游户外跨昼夜的特点，天气等环境因素对露营参与有着重要的影响。Catton 等（1983）提出，精准的天气预报对于登山爱好者来说显得尤其重要，登山爱好者通常主动获取天气信息，但是天气诱发的其他一系列环境制约因素则无法预知，如雪崩、山洪、泥石流等。Hinch 和 Jackson（2000）指出，天气也是由季节造成的，很多户外游憩活动不能在受到制约的特定时间、地点进行。Jun 和 Kyle（2011）认为，天气是高尔夫爱好者的一个独特的制约条件。Ito 等（2020）进一步指出，环境类别（如季节和气候）形成了另一个独特的制约类别，而这一类别以前通常被归入结构性制约的范畴。Hewer 等（2014）通过研究露营者的天气相关决策指出，海滩露营者比森林露营者对天气更敏感，大雨和强风是天气相关决策中最具影响力的因素。Hewer 等（2017）指出，天气和气候是影响露营旅游的重要因素，露营是对天气敏感的活动，很可能受到预计的气候变化的影响，温度成为公园露营者评价中的最大预测因子。研究表明，由于露营旅游在户外昼夜时间跨度较长的特点，天气、气候及露营环境都可能成为露营参与的影响因素。由此，提出以下假设：

H5：环境制约对露营参与存在显著影响。

许多研究都是以活动越拥挤体验质量越低的假说为基础，以考察拥挤对户外游憩活动满意度的影响。拥挤作为社会制约因素，可被看作一种户外游憩活动的冲突类型。Jacob 和 Schreyer（1980）认为，冲突所引起的不愉快经历最终会通过反馈回路成为个体参与未来活动的内在制约因素。Floyd 等（1994）指出，管理部门开发了与少数民族不相关的主题，制约了少数民族的活动参与。Shinew 等（1995）进一步指出，少数民族或妇女的户外游憩活动可能受到制度歧视。Walker 等（2001）认为，过去的荒野使用者把荒野体验作为模仿上流社会的一种手段，当前荒野使用者也在试图寻找他们工作中所缺乏的自主权。荒野和其他的自然环境作为人们竞争的空间也成为人们户外游憩活动参与的结构性障碍。Ghimire 等（2014）指出，少数民族群体与他们各自的同行相比，认为自己参与户外娱乐有更多的制约。由此，提出以下假设：

H6：社会制约对露营参与存在显著影响。

6.2.2 制约因素交互影响文献回顾与研究假设

随着休闲制约三维模型作为主要理论框架进行实证研究的不断深入，对休闲制约模型三维度因素之间的相互作用引起了研究者的关注。早期的学者在关注户外游憩冲突时，已经意识到这个问题，并进行了简要的影响机制探讨。Jacob 和 Schreyer（1980）把冲突定义为由他人或其他群体引起的目标干涉，认为冲突一般包括看到太多的人、听到太大声的音乐、汽车的出没、害怕其他人以及得不到去那些渴望的游憩地点的许可等。Schreyer 进一步解释，这些结构性制约因素，虽然没有阻止人们参加户外游憩活动，但是这种冲突产生的不愉快会影响人们下次户外游憩活动的决策。这种决策会受到个体制约的消极影响，即冲突这种结构性制约产生的不愉快经历可能影响人们是否参与的决策，最终通过反馈回路成为一个对个体是否参与未来活动或去某个户外游憩场所的内在制约因素。由此可知，结构性制约因素可能会对个体制约因素造成影响。

Mcquarrie 和 Jackson（1996）在关于成人业余滑冰的制约研究中提出，将结构性制约因素和前置性制约因素分开是有问题的。个体制约可能会受到社会的影响（Auster and Carol，2001），这一结论也得到了相关研究的支持。Philip 和 Steven（1995）对个体制约的评价中提出，社会对个体所属群体的看法很可能影响他们对自身的认知，这种群体身份是个体心理构成的固有部分，是休闲选择潜在的重要影响因素。然而个体对这种群体身份的认知又是社会所造成的，尽管这些因素都被认为是个体制约因素，但社会对个体的影响不容忽视。Auster 和 Carol（2001）的研究结果也对个体制约的定位提出了挑战，因为其中许多制约源自社会或受到社会的影响。Godbey 等（2010）在对休闲制约等级理论的评论中指出，随着时间的推移，宏观层面的结构、文化约束、规范变得内化，并被我们视为自己的"选择"。综上所述，结构性的制约因素可能会对个体制约产生一定影响；由于我国深受集体主义和差序格局文化的影响，结构性的制约因素可能也会对人际制约产生一定影响。本书将传统的结构性制约因素细分为四个层面。由此，提出以下假设：

H7：机会制约对个体制约存在显著影响。

H8：机会制约对人际制约存在显著影响。

H9：管理制约对个体制约存在显著影响。

H10：管理制约对人际制约存在显著影响。

H11：环境制约对个体制约存在显著影响。

H12：环境制约对人际制约存在显著影响。

H13：社会制约对个体制约存在显著影响。

H14：社会制约对人际制约存在显著影响。

在对休闲制约因素的实证研究过程中，国外学者不但意识到结构性制约因素会对个体制约或是人际制约产生影响，而且也注意到三个层面制约因素之间可能存在交互作用。Crawford 和 Godbey（1987）在休闲制约因素研究之初就已意识到，并首次提出不同类型的制约可能是相互关联的，但未能做进一步探讨。Henderson 等（1988）在关于女性休闲制约的实证研究中进一步提出类似的观点。Scott 和 David（1991）的研究也提出了制约因素之间交互的例子。Henderson 和 Bialeschki（1993）在对女性休闲制约的扩展模型探索的研究中提出的同步交互模型，对制约因素间的相互作用进行了初步探讨。Raymore 等（1993）对制约因素之间以及制约因素对参与的影响的相互关系进行了初步的检验。

Gilbert 和 Hudson（2000）在对滑雪参与的制约研究中也提出个体、人际和结构制约之间可能存在相互作用，研究表明传统的制约模型的三维度之间可能存在相互影响的关系，这对制约模型的线性分层命题又一次提出了挑战。Godbey 等（2010）在对休闲制约模型评价的研究中进一步指出，对于三个层面制约类型相互作用的尝试有助于逐步增强对休闲制约全面、深刻的理解，同时也提醒研究者不要对 Crawford 和 Godbey（1987）提出的休闲制约等级模型作僵化的解释，尽管概念模型具有层次性质，但一个特定的个体所面临的实际制约并不一定是从个体内部约束开始的。一个人面临的制约取决于他所处的位置，包括他的兴趣或参与的阶段（水平）、相关知识和技能、设施的可达性、社会网络、文化背景等。文化塑造制约是指一些社会文化、经济及社会结构因素也直接或间接地通过个体制约、人际制约或通过两者来影响休闲偏好（Godbey et al.，2010）。

至此，三个层面制约类型的相互作用得到了学术界的认可。但这一领域的相关研究并未给出明确的研究结论，也未能揭示出三个层面制约类型相互影响的机制。Jackson 等（1993）在对制约协商的研究中指出，制约之间的相互作用的认知由来已久，已有相关研究提出有必要研究结构性制约之间的相互作用（Witt，1990）。Jackson 等（1993）在研究休闲制约的协商中基于制约类型之间的交互提出"对一个或多个无法克服的人际或结构性制约的预期可能会抑制个体参与的欲望"，并对制约类型间的交互作用进行了进一步阐述。由此可知，不但结构性制约因素会影响个体制约，人际制约也可能影响个体制约。Godbey 等（2010）指出，对于研究人员来说，对三个层面制约类型相互作用探讨的重要价值在于扩展现有模型的潜力和方向。虽然制约类别是在个人层面构思的，但它们被理解为受到文化的深刻塑造。未来研究的重点是超越简单的描述或休闲制约的分类，深刻理解制约是如何形成的（制约产生的根本原因），这是一项更具挑战性的过程。由此提出以下假设：

H15：人际制约对个体制约存在显著影响。

H16：环境制约对机会制约存在显著影响。

H17：环境制约对管理制约存在显著影响。

H18：环境制约对社会制约存在显著影响。

H19：社会制约对管理制约存在显著影响。

基于以上文献梳理，本书构建了我国大众露营参与的制约理论模型（见图6-1）。

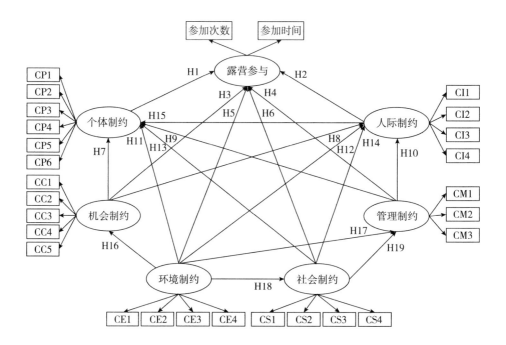

图6-1 我国大众露营旅游参与的制约理论模型

6.3 数据分析和研究结果

6.3.1 验证性因子分析

在SEM的分析研究中，验证性因子分析（Confirmatory Factor Analysis，CFA）的主要功能是确认潜在变量是否真的能被几个（一般三个以上）观察变量（题项）所代表。CFA是决定一组观察变量是否真正属于某一特定构念的统计分析技术。

Aaker和Bagozzi（1979）提出，结构模型是由至少两个以上的测量模型（构面）所组成，每一个研究构面的测量需要用到多个测量题目并且每一个题目只能与一个构面相关，称为单一构面准则。Fornell 和 Larcker（1981）进一步指出，构念有好的测量结果是结构方程分析的前提，测量模型结果不理想会导致错误的结论。Segars（1997）认为，只有 CFA 可以提供比较严谨的单一构面准则的证据。

Thompson（2004）提出，当研究需要进行 SEM 分析时，首先要从测量模型开始，只有在测量模型能正确地反映研究构面时，才能进行 SEM 分析；如果 CFA 的结果不佳，那么进行 SEM 分析是毫无意义的事情，结果不值得讨论。Kenny（2006）指出，社会及行为科学研究者从 CFA 学到的比从 SEM 学到的多。因此，强调 CFA 研究报告要优先于 SEM 的研究报告。特别重要的是，只有 CFA 的研究才可以提供足够的模型评估正确与否的细节和证据。SEM 测量模型分析的前提是假设构面具有良好的拟合度，这包括非标准化估计参数与标准误的比值 Z，又称为估计值，如果 Z>1.96，表示在 95% 信心水平下，则该估计值是显著存在的。

一般来说，如果以标准化因素负荷量作为衡量题目信度的标准，则要大于 0.70，表示题目达到理想的信度水平。如果以标准化因素负荷量的平方来代表单独测量题目的信度水平，则要大于 0.50，表示题目具有良好信度水平，相当于构面对某一题目的解释能力超过 50%。Fornell 和 Larcker（1981）提出的标准认为，整体构面的组合信度（Composite Reliability，CR）应大于 0.60，表示具有不错的内部一致性，而整体构面的平均方差抽取量（Average Variance Extracted，AVE）应大于 0.50，表示具有良好的收敛效度，解释为构面对所有题目的平均解释能力大于 50%。

6.3.1.1　一阶测量模型检验

文献对测量题目的信度标准不尽相同。Chin（1998）认为，测量题目的信度理想上应大于 0.70，0.60 以上为可接受；Fornell 和 Larcker（1981）认为，每个指标变量的标准化因素负荷量需高于 0.50 才称为有题目信度；而 Hooper 等（2008）认为，标准化因素负荷量低于 0.45 的题目表示该题有过多的测量误差，应该给予删除。因此，根据本书的实际需要，以测量题目的信度低于 0.50 为剔除标准。

第一，露营旅游参与个体制约维度检验。露营旅游参与个体制约维度共计 6 个题项。标准化因素负荷量在 0.606~0.738，多元相关平方在 0.367~0.545，属于可接受范围；组合信度为 0.833，内部一致性良好；平均方差抽取量为 0.455，属于可接受范围，因此保留 6 个题项（见表 6-1）。

表6-1　个体制约一阶验证性因子分析

维度	题项	参数显著性估计				题目信度		组合信度	收敛效度
		非标准化因素负荷量	标准误	非标准化因素负荷量/标准误	p 值	标准化因素负荷量	多元相关平方	组合信度	平均方差抽取量
个体制约	CP01	1.000				0.643	0.413	0.833	0.455
	CP02	1.120	0.061	18.286	0.000	0.680	0.462		
	CP03	0.991	0.057	17.516	0.000	0.658	0.433		
	CP04	1.077	0.056	19.111	0.000	0.738	0.545		
	CP05	1.142	0.060	19.036	0.000	0.715	0.511		
	CP06	1.014	0.061	16.715	0.000	0.606	0.367		

第二，露营旅游参与人际制约维度检验。露营旅游参与人际制约维度共计4个题项。标准化因素负荷量在 0.665~0.817，多元相关平方在 0.442~0.667，属于可接受范围；组合信度为 0.817，内部一致性良好；平均方差抽取量为 0.529，符合标准，因此保留4个题项（见表6-2）。

表6-2　人际制约一阶验证性因子分析

维度	题项	参数显著性估计				题目信度		组合信度	收敛效度
		非标准化因素负荷量	标准误	非标准化因素负荷量/标准误	p 值	标准化因素负荷量	多元相关平方	组合信度	平均方差抽取量
人际制约	CI01	1.000				0.712	0.507	0.817	0.529
	CI02	1.108	0.058	19.026	0.000	0.665	0.442		
	CI03	1.266	0.054	23.584	0.000	0.817	0.667		
	CI04	1.112	0.056	19.816	0.000	0.706	0.498		

第三，露营旅游参与机会制约维度检验。露营旅游参与机会制约维度共计5个题项。标准化因素负荷量在 0.642~0.741，多元相关平方在 0.412~0.549，属于可接受范围；组合信度为 0.822，内部一致性良好；平均方差抽取量为 0.480，属于可接受范围，因此保留5个题项（见表6-3）。

表 6-3　机会制约一阶验证性因子分析

维度	题项	参数显著性估计				题目信度		组合信度	收敛效度
		非标准化因素负荷量	标准误	非标准化因素负荷量/标准误	p 值	标准化因素负荷量	多元相关平方	组合信度	平均方差抽取量
机会制约	CC01	1.000				0.724	0.524	0.822	0.480
	CC02	0.869	0.045	19.401	0.000	0.679	0.461		
	CC03	0.879	0.041	21.521	0.000	0.741	0.549		
	CC04	0.814	0.043	18.966	0.000	0.642	0.412		
	CC05	0.926	0.047	19.765	0.000	0.675	0.456		

　　第四，露营旅游参与管理制约维度检验。露营旅游参与管理制约维度共计 3 个题项。标准化因素负荷量在 0.587~0.693，多元相关平方在 0.345~0.48，属于可接受范围；组合信度为 0.694，属于可接受范围；平均方差抽取量为 0.432，亦属于可接受范围，因此保留 3 个题项（见表 6-4）。

表 6-4　管理制约一阶验证性因子分析

维度	题项	参数显著性估计				题目信度		组合信度	收敛效度
		非标准化因素负荷量	标准误	非标准化因素负荷量/标准误	p 值	标准化因素负荷量	多元相关平方	组合信度	平均方差抽取量
管理制约	CM01	1.000				0.687	0.472	0.694	0.432
	CM02	0.832	0.052	15.948	0.000	0.587	0.345		
	CM03	0.901	0.052	17.448	0.000	0.693	0.480		

　　第五，露营旅游参与环境制约维度检验。露营旅游参与环境制约维度共计 4 个题项。标准化因素负荷量在 0.632~0.787，多元相关平方在 0.399~0.619，属于可接受范围；组合信度为 0.799，内部一致性良好；平均方差抽取量为 0.500 符合标准，因此 4 个题项均予以保留（见表 6-5）。

表 6-5　环境制约一阶验证性因子分析

维度	题项	参数显著性估计				题目信度		组合信度	收敛效度
		非标准化因素负荷量	标准误	非标准化因素负荷量/标准误	p 值	标准化因素负荷量	多元相关平方	组合信度	平均方差抽取量
环境制约	CE01	1.000				0.632	0.399	0.799	0.500
	CE02	1.085	0.058	18.816	0.000	0.715	0.511		
	CE03	1.086	0.062	17.440	0.000	0.685	0.469		
	CE04	1.133	0.060	18.817	0.000	0.787	0.619		

　　第六，露营旅游参与社会制约维度检验。露营旅游参与社会制约维度共计 4 个题项。标准化因素负荷量在 0.728～0.803，多元相关平方在 0.530～0.645，达到标准；组合信度为 0.843，内部一致性良好；平均方差抽取量为 0.574，符合标准，因此 4 个题项均予以保留（见表 6-6）。

表 6-6　社会制约一阶验证性因子分析

维度	题项	参数显著性估计				题目信度		组合信度	收敛效度
		非标准化因素负荷量	标准误	非标准化因素负荷量/标准误	p 值	标准化因素负荷量	多元相关平方	组合信度	平均方差抽取量
社会制约	CS01	1.000				0.728	0.530	0.843	0.574
	CS02	1.013	0.045	22.766	0.000	0.739	0.546		
	CS03	1.078	0.044	24.380	0.000	0.803	0.645		
	CS04	0.999	0.043	23.227	0.000	0.758	0.575		

　　第七，露营参与维度检验。露营旅游参与维度有 2 个题项。标准化因素负荷量在 0.675～0.861，多元相关平方在 0.456～0.741，属于可接受范围；组合信度为 0.746，内部一致性良好；平均方差抽取量为 0.598，符合标准，因此保留 2 个题项（见表 6-7）。

表 6-7 露营旅游参与一阶验证性因子分析

维度	题项	参数显著性估计				题目信度		组合信度	收敛效度
		非标准化因素负荷量	标准误	非标准化因素负荷量/标准误	p 值	标准化因素负荷量	多元相关平方	组合信度	平均方差抽取量
露营参与	TIME01	1.000				0.675	0.456	0.746	0.598
	TIME02	0.962	0.091	10.576	0.000	0.861	0.741		

6.3.1.2 信效度检验

表 6-8 数据分析结果显示，各题项的标准化因素负荷量介于 0.587~0.861，且均达到显著性水平，各维度信度值介于 0.691~0.843，只有管理制约维度接近 0.7 的理想水平，说明信度满足实证研究要求。潘澜等（2016）指出，效度包含收敛效度和区分效度。通过潜变量的平均提取方差（AVE）和组合信度（CR）来检验收敛效度，一般来说，AVE 值大于 0.5，CR 值大于 0.7，即表明数据有良好的收敛效度。本书的组合信度（CR）介于 0.694~0.843，只有管理制约维度接近 0.7 的理想水平；各维度平均方差抽取量范围为 0.432~0.598，除个体制约、机会制约和管理制约外，其他维度的平均方差抽取量均大于 0.5 的标准，因此本模型基本符合收敛效度的标准，可以满足研究需要。

表 6-8 结构方程模型验证性分析结果

维度	题项	参数显著性估计				题日信度		信度 Cronbach's α	组合信度	收敛效度
		非标准化因素负荷量	标准误	非标准化因素负荷量/标准误	p 值	标准化因素负荷量	多元相关平方	信度 Cronbach's α	组合信度	平均方差抽取量
个体制约	CP01	1.000				0.643	0.413	0.831	0.833	0.455
	CP02	1.120	0.061	18.286	0.000	0.680	0.462			
	CP03	0.991	0.057	17.516	0.000	0.658	0.433			
	CP04	1.077	0.056	19.111	0.000	0.738	0.545			
	CP05	1.142	0.060	19.036	0.000	0.715	0.511			
	CP06	1.014	0.061	16.715	0.000	0.606	0.367			

续表

| 维度 | 题项 | 参数显著性估计 | | | | 题目信度 | | 信度 Cronbach's α | 组合信度 | 收敛效度 |
		非标准化因素负荷量	标准误	非标准化因素负荷量/标准误	p 值	标准化因素负荷量	多元相关平方		组合信度	平均方差抽取量
人际制约	CI01	1.000				0.712	0.507	0.812	0.817	0.529
	CI02	1.108	0.058	19.026	0.000	0.665	0.442			
	CI03	1.266	0.054	23.584	0.000	0.817	0.667			
	CI04	1.112	0.056	19.816	0.000	0.706	0.498			
机会制约	CC01	1.000				0.724	0.524	0.822	0.822	0.480
	CC02	0.869	0.045	19.401	0.000	0.679	0.461			
	CC03	0.879	0.041	21.521	0.000	0.741	0.549			
	CC04	0.814	0.043	18.966	0.000	0.642	0.412			
	CC05	0.926	0.047	19.765	0.000	0.675	0.456			
管理制约	CM01	1.000				0.687	0.472	0.691	0.694	0.432
	CM02	0.832	0.052	15.948	0.000	0.587	0.345			
	CM03	0.901	0.052	17.448	0.000	0.693	0.480			
环境制约	CE01	1.000				0.632	0.399	0.794	0.799	0.500
	CE02	1.085	0.058	18.816	0.000	0.715	0.511			
	CE03	1.086	0.062	17.440	0.000	0.685	0.469			
	CE04	1.133	0.060	18.817	0.000	0.787	0.619			
社会制约	CS01	1.000				0.728	0.530	0.843	0.843	0.574
	CS02	1.013	0.045	22.766	0.000	0.739	0.546			
	CS03	1.078	0.044	24.380	0.000	0.803	0.645			
	CS04	0.999	0.043	23.227	0.000	0.758	0.575			
露营参与	TIME01	1.000				0.675	0.456	0.717	0.746	0.598
	TIME02	0.962	0.091	10.576	0.000	0.861	0.741			

所谓区分效度是指潜在变量所代表的潜在特质与其他潜在变量所代表的特质间有低度相关或有显著的差异存在（李东等，2020）。Fornell 和 Larcker（1981）提出，如果每个潜在变量的 AVE 开根号值大于该潜在变量与其他潜在变量之间的相关系数，则表明各维度之间具有良好的区分效度，指标变量所反映的潜在变量之间有显著不同。本书除了管理制约之外，其余对角线各维度 AVE 开根号值多数大于对角线外的标准化相关系数，因此模型研究维度之间基本符合区分效度

（见表6-9）。

表6-9 潜在变量区分效度检验

	AVE	个体制约	人际制约	机会制约	管理制约	环境制约	社会制约	露营参与
个体制约	0.455	**0.675**						
人际制约	0.529	0.465	**0.727**					
机会制约	0.480	0.300	0.431	**0.693**				
管理制约	0.432	0.402	0.445	0.396	**0.657**			
环境制约	0.500	0.414	0.409	0.540	0.733	**0.707**		
社会制约	0.574	0.451	0.421	0.376	0.668	0.697	**0.693**	
露营参与	0.598	-0.232	-0.358	-0.233	-0.227	-0.347	-0.367	**0.773**

6.3.2 模型拟合度检验

模型拟合度是指理论模型与样本模型的一致性程度（李东等，2020）。本书中卡方值（χ^2）= 2313.070，卡方值/自由度（χ^2/df）= 6.988，拟合优度指标（GFI）= 0.827，调整后的拟合优度指标（AGFI）= 0.802，近似误差均方根（RMSEA）= 0.074，标准化残差均方根（SRMR）= 0.060，塔克—刘易斯指标（TLI）= 0.826，比较拟合指标（CFI）= 0.847，显示模型具可以接受的模型拟合度（见表6-10）。

表6-10 模型拟合度检验

拟合指标	可容许范围	研究模型拟合度
卡方值（χ^2）	The small the better	2313.070
自由度（df）	The large the better	331.000
卡方值/自由度（χ^2/df）	$1<\chi^2/df<3$	6.988
拟合优度指标（GFI）	0.9	0.827
调整后的拟合优度指标（AGFI）	0.9	0.802
近似误差均方根（RMSEA）	≤0.08	0.074
标准化残差均方根（SRMR）	≤0.08	0.060
塔克—刘易斯指标（非规范拟合指标）[TLI（NNFI）]	0.9	0.826
比较拟合指标（CFI）	0.9	0.847

6.3.3 模型拟合度修正

在 SEM 分析中，模型拟合度是用来评判样本数据所产生的样本协方差矩阵与研究模型所产生的期望协方差矩阵之间的一致性。一般情形下，大部分采用最大似然估计（Maximum Likelihood，ML）进行 SEM 的分析。当然，在数据不符合多元正态时，最大概似法则不能轻易用来进行 SEM 分析。因为数据呈现非多元正态的情形下，参数估计仍然是不偏的，但是根据正态理论计算出的卡方差异统计量会过于膨胀，而造成模型拟合度变差，进而产生型 I 错误（Curran et al.，1996）。Bollen 和 Stine（1992）提出，利用 Bootstrap 的方式加以修正。Amos 内置 Bollen-Stine p-value correction method 的功能，可执行 p 值校正。

值得注意的是，SRMR 这个指标是用残差值计算而得并非用卡方差异值计算，所以无法被修正。修正后的表格如表 6-11 所示，所有的拟合度指标都有显著的提升。

表 6-11 修正后模型拟合度

拟合指标	可容许范围	研究模型拟合度
卡方值（χ^2）	The small the better	357.810
自由度（df）	The large the better	331.000
卡方值/自由度（χ^2/df）	$1<\chi^2/df<3$	1.081
拟合优度指标（GFI）	0.9	0.973
调整后的拟合优度指标（AGFI）	0.9	0.967
近似误差均方根（RMSEA）	≤ 0.08	0.009
标准化残差均方根（SRMR）	≤ 0.08	0.060
塔克—刘易斯指标（非规范拟合指标）[TLI（NNFI）]	0.9	0.998
比较拟合指标（CFI）	0.9	0.998

6.3.4 假设检验

经过对研究假设进行检验实证结果显示（见表 6-12），个体制约（CP）对于露营参与（CAPA）的非标准化回归系数为 0.009，未达到显著水平（z-value=0.158，p-value=0.874），故研究假设 1 不成立；人际制约（CI）对于露营参与（CAPA）的非标准化回归系数为 -0.300，达到显著水平（z-value = -4.573，p-value = 0.000），故研究假设 2 成立；机会制约（CC）对于露营参与（CAPA）的非标准化回归系数为 0.013，未达到显著水平（z-value = 0.276，p-value = 0.783），故研究假设 3 不成立；管理制约（CM）对于露营参与（CAPA）的非标准化回归系数为 0.252，达到显著水平（z-value = 2.855，p-value = 0.004），故研究假设 4 成立；环境制约（CE）对于露营参与（CAPA）的非标准化回归系数为 -0.320，达显著水平（z-value = -3.113，p-value = 0.002），故研究假设 5 成立；社会制约（CS）对于露营参与（CAPA）的非标准化回归系数为 -0.283，达到显著水平（z-value = -3.914，p-value = 0.000），故研究假设 6 成立；机会制约（CC）对于个体制约（CP）的非标准化回归系数为 0.013，未达到显著水平（z-value = 0.395，p-value = 0.693），故研究假设 7 不成立；机会制约（CC）对于人际制约（CI）的非标准化回归系数为 0.256，达显著水平（z-value = 6.764，p-value = 0.000），故研究假设 8 成立；管理制约（CM）对于个体制约（CP）的非标准化回归系数为 0.037，未达显著水平（z-value = 0.591，p-value = 0.554），故本研究假设 9“管理制约”对于“个体制约”没有显著影响，假设 9 不成立。管理制约（CM）对于人际制约（CI）的非标准化回归系数为 0.248，达到显著水平（z-value = 3.528，p-value = 0.000），故研究假设 10 成立；环境制约（CE）对于个体制约（CP）的非标准化回归系数为 0.097，未达到显著水平（z-value = 1.371，p-value = 0.170），故研究假设 11 假设不成立；环境制约（CE）对于人际制约（CI）的非标准化回归系数为 -0.076，未达到显著水平（z-value = -0.919，p-value = 0.358），故研究假设 12 不成立；社会制约（CS）对于个体制约（CP）的非标准化回归系数为 0.201，达到显著水平（z-value = 3.948，p-value = 0.000），故研究假设 13 成立；社会制约（CS）对于人际制约（CI）的非标准化回归系数为 0.192，达显著水平（z-value = 3.301，p-value = 0.001），故研究假设 14 成立；人际制约（CI）对于个体制约（CP）的非标准化回归系数为 0.272，达到显著水平（z-value = 7.005，p-value = 0.000），故研究假设 15 成立；环境制约（CE）对于机会制约（CC）的非标准化回归系数为 0.728，达显著水平（z-value = 12.824，p-value = 0.000），故研究假设 16 成立；环境制约（CE）对于管理制约（CM）的非标准化回归系数为 0.607，达到显著水平（z-value = 8.673，p-value = 0.000），故研究假设 17 成立；环境制约

（CE）对于社会制约（CS）的非标准化回归系数为 0.793，达到显著水平（z-value＝15.489，p-value＝0.000），故研究假设 18 成立；社会制约（CS）对于管理制约（CM）的非标准化回归系数为 0.314，达到显著水平（z-value＝5.837，p-value＝0.000），故研究假设 19 成立，我国大众露营旅游参与的制约模型（见图 6-2）。

表 6-12 研究假设的实证结果

因变量	自变量	非标准化回归系数	标准误	非标准化回归系数/标准误	p 值	标准化回归系数	假设成立与否	
露营参与（CAPA）	个体制约（CP）	0.009	0.058	0.158	0.874	0.007	H1	不成立
	人际制约（CI）	−0.300	0.066	−4.573	0.000	−0.263	H2	成立
	机会制约（CC）	0.013	0.047	0.276	0.783	0.013	H3	不成立
	管理制约（CM）	0.252	0.088	2.855	0.004	0.222	H4	成立
	环境制约（CE）	−0.320	0.103	−3.113	0.002	−0.242	H5	成立
	社会制约（CS）	−0.283	0.072	−3.914	0.000	−0.244	H6	成立
个体制约（CP）	人际制约（CI）	0.272	0.039	7.005	0.000	0.307	H15	成立
	机会制约（CC）	0.013	0.033	0.395	0.693	0.017	H7	不成立
	管理制约（CM）	0.037	0.062	0.591	0.554	0.042	H9	不成立
	环境制约（CE）	0.097	0.071	1.371	0.170	0.095	H11	不成立
	社会制约（CS）	0.201	0.051	3.948	0.000	0.222	H13	成立
人际制约（CI）	机会制约（CC）	0.256	0.038	6.764	0.000	0.297	H8	成立
	管理制约（CM）	0.248	0.070	3.528	0.000	0.250	H10	成立
	环境制约（CE）	−0.076	0.083	−0.919	0.358	−0.066	H12	不成立
	社会制约（CS）	0.192	0.058	3.301	0.001	0.189	H14	成立
机会制约（CC）	环境制约（CE）	0.728	0.057	12.824	0.000	0.540	H16	成立
管理制约（CM）	环境制约（CE）	0.607	0.070	8.673	0.000	0.520	H17	成立
	社会制约（CS）	0.314	0.054	5.837	0.000	0.306	H19	成立
社会制约（CS）	环境制约（CE）	0.793	0.051	15.489	0.000	0.697	H18	成立

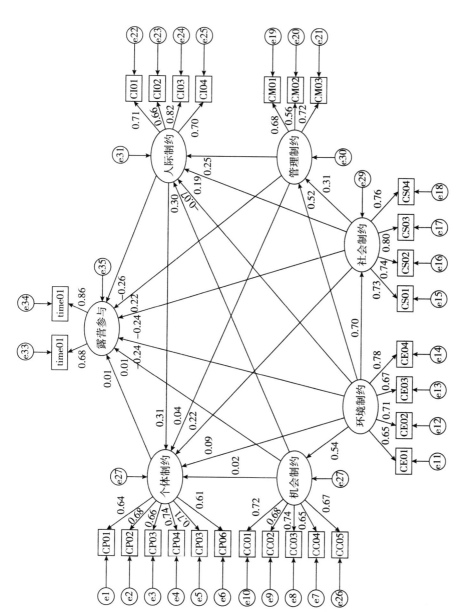

图 6-2 我国大众露营旅游参与的制约模型

6.4 讨论分析

6.4.1 人际制约对露营旅游参与具有显著的负向影响

据路径系数结果显示，人际制约因素对露营旅游参与具有负向影响，即人际制约越大，露营参与的可能性越小。这一研究结果与朱志强等（2017）的人际制约对体育健身休闲参与具有直接负向影响的结论相一致。该结论说明人际关系在中国人的行为方式中占有重要地位。费孝通先生在《乡土中国》一书中将中国社会描述为差序格局，即反映了人际关系在中国社会的重要性。克雷伯等（2014）认为，亚洲的大多数人有着依赖（或者集体主义）的自我建构，因此他们赞同归属、相处融洽及维持和谐等。戈登·沃克和梁海东（2012）指出，来自中国、日本、韩国等这些重视集体主义（Collectivistic）的国家的人通常更注重人际关系和谐，而来自加拿大、美国等这些重视个人主义（Individualistic）的国家的人则通常更在乎他们自己。Walker 等（2007）研究认为，当需要开始一项新的休闲活动时，中国学生更容易受到人际关系因素的制约。克雷伯等（2014）的研究进一步指出，在对中国和澳大利亚学生娱乐参与的各种制约研究中，中国学生总体对人际制约的感知比澳大利亚学生对人际制约的感知更高。Ghimire 等（2014）指出，在种族群体中，与白人相比，非裔美国人觉得受到个人内在的制约，亚裔则觉得受到人际关系的制约。宋瑞和沈向友（2014）指出，我国居民参与休闲时所面临的他人态度和家庭支持等方面的制约因素超越了西方休闲研究的考察范畴。人际关系作为中国文化和人们日常生活的重要支撑，深刻影响着人们的活动参与。在中国家庭观念、集体导向以及关系取向的文化影响下，人们在参与露营旅游活动中无疑会重视来自家庭成员和亲朋好友的态度，重视露营旅游所涉及的人际关系的和谐性及角色化。此外，由于户外露营跨昼夜的安全因素考量、露营装备整理以及户外突发状况救援等都涉及人际关系的处理，因此，人际制约对个体的露营旅游参与表现出显著的负向影响。戈登·沃克和梁海东（2012）指出，集体主义文化倾向也会影响其他行为，如受集体主义文化影响的人通常会注重集体选择。潘煜等（2014）指出，在对华人价值观专项研究中，人际关系是中国价值观中重要的一个维度，同时指出从众心理也是中国人际关系的一项重要特征。因此，从众心理可能也对露营参与产生一定的影响。因而，人际制约成为影响人们露营旅游参与的重要维度。

6.4.2 环境制约和社会制约对露营旅游参与具有显著的负向影响

环境制约对露营旅游参与具有显著的负向影响。归根结底露营旅游是以自然环境的有效支撑为前提的，露营旅游沉浸式的环境体验对环境制约的感知最为强烈。Hewer 等（2014）认为，好天气是游客做出旅行决定的主要动力。Jackson（2005）指出，环境不仅影响休闲偏好，还影响决策过程和参与行为。Stevenson（2020）则进一步指出，由于户外休闲活动或露营的自然区域通常缺乏或没有卫生基础设施，受污染的土壤和水源与胃肠道疾病有关，因此到自然区域露营的游客可能面临很高的患病风险。故此，环境制约尤其是难以预测的天气状况、露营地潜在的地质危险都会对露营参与构成严重影响。宋瑞和沈向友（2014）指出，我国居民参与休闲时所面临的环境方面的制约因素亦超越了西方休闲研究的考察范畴。朱志强等（2017）指出，环境制约对体育健身休闲参与具有直接负向影响。此外，露营地生态环境被破坏对露营旅游参与亦将形成一定的制约。

社会制约对露营参与具有显著的负向影响。究其原因，露营旅游对露营周边生态环境的依赖性非常强，不当的露营旅游会给露营地周边的自然、生态环境带来一定程度的破坏。尤其在露营旅游发展的初期，由于缺乏露营旅游发展规划指导和管理实践经验借鉴，一些地方、部门对露营旅游采取了消极或是回避的做法，这在一定程度上制约了人们的露营旅游参与。摩尔等（2012）指出，社会因素对于游憩活动尤其是体验类型的活动有很强的影响，而且影响作用是可以实现的。周静和周伟（2009）指出，社会对体育锻炼的支持不足是大学生锻炼最大的阻碍因素。Park 和 Levine（1999）指出，集体主义国家的人比较重视主观规范。克雷伯等（2014）亦指出，在集体主义文化中，个体可能和团体规范产生共鸣。因此，对于我国露营者而言，来自社会规范形成的制约可能在一定程度上对露营参与形成阻碍。此外，由于露营规划所限或集中露营引起的露营活动拥挤、相互干扰或噪声污染也在一定程度上制约了露营参与。

6.4.3 管理制约对露营旅游参与具有显著的正向影响

管理制约对露营旅游参与具有显著的正向影响。该结论与朱志强等（2017）

提出的服务管理制约对体育健身休闲参与具有直接正向影响的结论相一致。该结论同样支持了李慧（2016）在研究中提出的结构性制约对旅游意向产生正向影响的结论，该研究结果亦验证了制约研究早期的研究结论。如 Kay 和 Jackson（1991）认为，制约并不总是阻碍或减少活动参与，活动参与成功与否，取决于对制约因素的协商情况，协商通常表现为对制约的变通而非简单地取消休闲参与。制约与活动参与之间并非存在简单的因果关系，并不存在制约多则参与少的命题。分析其原因，这可能与现阶段我国的露营旅游发展现状有关。露营旅游较传统的观光旅游而言需要一定的户外技能，所以最初参与露营旅游的体验者一般都会选择经营性的露营地进行露营。露营者考虑较多的因素主要在于经营性露营地能够提供相对安全的户外环境的同时，并不需要过多的户外技能。露营者对于露营管理制约的感知也主要来自经营性露营地的体验。目前，我国露营旅游的管理、服务体系尚不能有效满足露营群体的多元化、高品质的消费需求。

露营旅游消费需求可以通过"户外游憩需求等级"理论来进行阐述。这个需求等级包括三个层次（见图 6-3），从低到高的层次依次为：参与期望活动的需求；实现期望体验和活动的需求；实现除了满意体验外的其他效益的需求。目前国内的露营管理由于对露营者第二层次消费需求的认知不足以及对第三层次消费需求认知欠缺，大多数露营管理仍局限于对现有第一层次认知基础上，实施的是露营机会提供上的"活动管理"（Activity-based Management，ABM），而对于满足露营者第二层次消费需求的"体验管理"（Experience-based Management，EBM）以及满足露营者第三层次消费需求的"效益管理"（Benefits-based Management，BBM）则明显不足和欠缺。

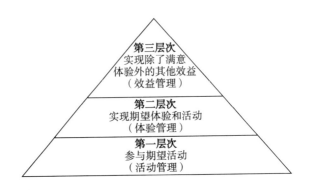

图 6-3　户外游憩需求等级

随着露营旅游参与的深入，露营者一旦感知到管理制约对其造成不良体验，就会转而选择非经营性的露营。露营者选择非经营性的露营一般需要购置露营装备并使其价值最大化，在这一过程中，露营者参与露营的频度将实现较大的提升，其结果是非经营性露营推动了露营者的深度体验。当露营者从露营体验者向频繁参与者再到深度露营者的迈进过程中，管理制约无形中对露营参与起到了推动作用，但实质上是露营参与者通过积极协商完成的。管理制约对露营参与形成的显著正向影响结果将导致露营的野蛮生长以及露营旅游的无序发展，这将严重地阻碍我国露营旅游的高质量发展进程。

6.4.4 个人制约和机会制约对露营参与不具有显著性影响

研究结论显示，个体制约对露营参与不具有显著性影响，这一结论不支持原假设。国外多数的研究认为，个体制约对活动参与具有消极作用（Jackson and Mannell，1993；Hubbard and Mannell，2001；Loucks‐Atkinson et al.，2007；White，2008；Son et al.，2008；Jun et al.，2011）。究其原因，得到不同研究结论可能与本书选取的调查对象有关。本书的调查对象是参与露营的群体，由于被调查者正在进行露营或有参与露营的经历，并且部分受访者已经把露营旅游作为日常的一种休闲方式，所以部分受访者已经形成了露营偏好，这也意味着他们已经超越了个体制约的影响，个体制约因素对这部分露营者的影响不再明显。

Gilbert 和 Hudson（2000）在对英国滑雪制约的研究中，也得到过类似的结论："似乎人们并不一定要面对人际制约，这让人怀疑滑雪者是否存在这种类型的制约。"然而他们未能对其做出合理的解释。Godbey 等（2010）在对休闲制约模型评价的研究中明确指出，个体所面临的实际制约并不一定从个体制约开始，个体面临的制约取决于个体的兴趣偏好、参与水平等实际情况。同时其研究亦强调，在解释这些不一致的发现时要非常谨慎，并指出 Gilbert 和 Hudson（2000）的研究中有 55%的受访者有滑雪经验，这些受访者中的大多数可能已经成功地突破个人（甚至是人际）制约，形成了对滑雪的偏好，这构成了一种既存条件，因而人际制约因素并未在研究中显现。

机会制约对露营参与不具显著性影响。分析其原因，得出该结论可能依然与调查对象有关，由于一部分受访者正在进行露营，他们对于机会制约的感知不如参与前对机会制约的感知那样强烈。此外，本书调查的部分群体是露营微信群的样本，这些被调查对象在加入露营群之前可能对于机会制约感知较为明显，而一且加入露营群，对这种机会制约的感知可能就会明显减弱。因为目前国内多数的露营群都是由露营装备供应商或是其产品代理、推广的户外专业人员、领队所组建的，为了能够推广、销售其露营装备，这些群主会积极寻找各种露营地点、提供不同露营时间，采用各种营销手段，极力推动群体露营活动的开展。在这种情形下，机会制约对露营参与的影响有限。

6.4.5 人际制约和社会制约对个体制约具有显著的正向影响

研究结果显示，人际制约对个体制约具有显著的正向影响，即露营旅游参与的人际制约越大，个体制约越大。赵书松和张旭（2021）指出，集体主义逐渐成为社会主义价值体系的基本原则，随着社会的发展，集体意识逐渐渗透到日常生活的方方面面。受集体意识、我国传统的家庭观念以及人际关系价值取向等方面的影响，我国露营出行多为家庭出游或是结伴露营（调查中，家庭出游"被选中总次数"的比例为 64.17%，结伴露营出游"被选中总次数"的比例为 70.2%）。个体露营旅游通常需要获得家庭成员的支持，特别是夫妻双方需要照顾下一代的情况下，无论是哪一方露营出游都需要获得对方的支持，或者是家庭一起出游便于照顾下一代。潘煜等（2014）指出，家庭作为中国社会生活的核心单元，在社会生活中依然扮演着重要的角色。因此，如果家庭成员不支持，无疑将对个体形成制约，即如果有来自家庭成员的反对，将对个体制约形成明显影响，此时个体感受到的人际制约可能来自家庭的责任感或是夫妻间关系的和谐等方面。此外，由于露营旅游如装备整理等涉及人际合作的环节较多，所以，进行露营活动大多需要同伴协助，特别是对于女性露营者而言，通常情况下都希望有同伴一起出行，或是跟随露营群一起出游，以获得露营过程中的必要帮助，同时增强安全感。在缺乏同伴支持的情况下，人际制约将对个体制约形成明显的影响，尤其对于女性露营者而言更是如此。

社会制约对个体制约具有显著的正向影响。该结论验证了国外制约研究一直以来提出的一些研究设想。Philip 和 Steven（1995）指出，群体身份认知被认为是个体制约因素，但却是由社会所造成的，社会对个体的影响显而易见。Auster 和 Carol（2001）进一步指出，个体制约源自社会或者受到社会的影响。但这些研究仅是提出这一观点，并未进行实证性的检验。Godbey 等（2010）认为，文化、规范等社会宏观层面的制约随着时间的推移将被个体所内化，被个体视为自己内在的制约，同时提出，深刻理解社会文化所塑造的其他类型的制约将是未来一项非常有意义的工作。本书验证了社会制约对个体制约具有显著影响的观点。究其原因，中国自古以来就是礼仪之邦，社会规范对个体的影响通常被习惯性内化。邱亚君（2007）指出，女性个体制约会受到社会文化限制的影响。赵书松和张旭（2021）认为，在中国社会人们更可能倾向于服从规范、"牺牲小我"。社会文化、规范对个体的内化具有深刻影响，随着时间推移，社会制约被逐渐内化为个体的内在制约。

6.4.6 机会制约、管理制约和社会制约对人际制约具有显著的正向影响

研究结果显示，人际制约会受到机会制约、管理制约和社会制约的显著影响。分析其原因，由于人们非常重视人际关系，所以通常会受到家庭成员或是同伴的影响。对于机会制约、管理制约或是社会制约，若是同伴或家庭成员认为这些类型的制约对于露营参与是至关重要的话，则往往会通过人际制约呈现出来。因为同伴或是家庭成员如果认为这些制约因素是难以克服或是自己不愿克服的制约类型，他们会对露营的同伴传递这些制约因素不易被克服或无法克服的观点，通过人际传递这些机会制约、管理制约以及社会制约来强化人际制约的影响，即机会制约、管理制约和社会制约对人际制约具有显著的正向影响作用。

6.4.7 环境制约对机会制约、管理制约和社会制约具有显著的正向影响

研究结果显示，环境制约对机会制约、管理制约和社会制约具有显著的正向影响，即环境制约越明显，机会制约、管理制约以及社会制约也越明显。究其原因，露营旅游作为全天候的户外旅游形式，环境对露营旅游的重要作用不言而喻。如果露营环境不理想则直接会影响露营机会、露营管理或是形成社会制约。兴起于美国的无痕山林（T Leave No Trace，LN）法则的第二条准则为：在可耐受的地面进行露营，并提倡以人数少的团体进行露营活动，因为这样可以降低嘈杂的音量及降低环境伤害；提倡在坚固的地面露营，避开脆弱容易被破坏的地表，尽量在指定区域集中扎营，因为受创的地表可能要花很久的时间才能恢复原貌。

现阶段我国大众露营旅游迅猛增长，但相应管理、服务以及规范却相对滞后。露营群体的激增、露营经营者的无序扩张与市场逐利，露营地的生态环境难免会遭到一定程度的破坏。露营地环境一旦遭到破坏，露营群体将弱化其作为理想目的地的选择，进而减弱了露营者的露营机会。此外，作为露营地赖以生存的

生态环境也通常反映了管理制约和社会制约的状况。露营环境不佳则意味着露营地管理不善以及露营地对露营者形成的社会制约更为明显，如营地人多、活动拥挤等社会制约将越发凸显。因此，露营环境应成为露营高质量发展的核心议题。提升露营环境，减少环境制约也就意味着减少机会制约、管理制约以及社会制约。

6.4.8　社会制约对管理制约具有显著的正向影响

研究结果显示，社会制约对管理制约具有显著的正向影响。分析其原因，露营作为一种社会现象无疑需要与社会发展同步共频，但目前学术界对露营这一现象关注不足，我国露营的快速发展已经超越了当前的学术视野。在有限的经营性露营地之外，众多非经营性露营的野蛮式增长及无序发展，已经在全国各地蔓延开来。由于没有可遵循的成功经验或是管理规范，社会对露营大多秉持着保守的态度，由社会形成的制约凸显了相应管理的滞后。人们参与露营旅游的社会制约越大，露营管理的难度则随之增大，意味着管理制约越大。因此，推动露营的规范发展，会弱化社会制约，提升管理效能，反哺露营旅游良性发展。

6.5　本章小结

本章探讨了各层面制约因素对我国大众露营旅游参与的影响关系，并进一步探讨了制约因素间的交互作用。研究结果显示，我国大众露营旅游参与受到多维度因素影响，且影响因素间表现出复杂的交互作用。当前我国大众露营旅游参与的制约因素主要来自人际制约、环境制约、社会制约以及管理制约层面。人际制约、环境制约和社会制约均对露营旅游参与具有显著的负向影响；而管理制约对露营旅游参与具有显著的正向影响。

管理制约无形中对露营参与起到了推动作用，看似有悖常理的结论，但实质上是露营参与者通过积极协商完成的，即人们通过积极的协商可能只是改变了参与露营的方式或改变了参与露营的时间、地点而已，其原因是目前国内的露营管理与服务忽视或未能满足人们的露营旅游体验需求所致。管理制约对人们露营参与形成显著正向影响的结果，将导致我国露营旅游的野蛮生长及无序发展，这将严重损害我国露营旅游高质量发展之根基。人们在露营旅游参与过程中对制约的协商亦将推动后续章节的内容探讨。

个体制约和机会制约对露营参与不具有显著性影响。对于制约因素交互影响的分析结果显示，人际制约和社会制约对个体制约具有显著的正向影响；机会制约、管理制约和社会制约对人际制约具有显著的正向影响；环境制约对机会制约、管理制约和社会制约具有显著的正向影响；社会制约对管理制约具有显著的正向影响。

7 我国大众露营旅游参与的
制约协商研究

人们参与活动的制约研究广度不仅包括制约因素的研究，还应包括人们为协商这些制约因素所做的努力；对协商的研究与对制约因素本身的研究同等重要（Schneider et al.，2007；Tian and Schneider，2015），前文管理制约对大众露营旅游参与具有显著的正向影响，已体现出人们对露营参与制约因素的协商。制约协商研究被国内外学术界普遍认为是制约研究的深入阶段，因此，本章将露营旅游参与的制约因素、动机、制约协商以及协商效能等变量纳入我国大众露营旅游参与的制约协商研究范畴，探讨动机和"负动机"（内在驱动因素和制约因素）（李罕梁，2015）及制约协商和协商效能等对人们露营参与的影响机制，进一步完善我国大众露营旅游参与的制约研究。

7.1 制约协商模型构建的理论依据

协商概念的引入是用来解释如何克服或缓解制约的。Schneider 等（2007）认为，通过把协商放在更广泛的休闲行为背景中，利用多元分析，探索制约与动机以及协商效能等概念的关系，制约协商研究实现了对休闲的基本社会心理和行为过程，如动机、制约、协商和参与活动等相关概念的新的阐述（White，2008）。Tian 和 Schneider（2015）进一步指出，制约研究的广度不仅包括制约因素，还应包括人们为协商这些因素所做的努力。国外学者通过对休闲制约的进一步研究认识到，制约因素虽然可能抑制或改变休闲偏好和参与，但并不一定阻碍休闲参与，因为人们可以对制约进行协商。协商描述了个体使用行为或认知策略来促进个体休闲参与的努力。Scott 和 David（1991）较早地提出了为适应或减轻制约而采取的策略，被学术界视为对制约协商进行的初步探讨。Kay 和 Jackson（1991）对在休闲过程中尽管受到制约仍然参与的情况进行了研究，同样被学术界认为是早期的制约协商研究。制约协商概念（Jackson et al.，1993）被提出后，制约协商的研究随之增多，但研究之初大多是零星的、描述性的，如 Jackson 和 Rucks（1995）通过研究确定了人们用来协商制约的策略和资源。随着对制约协商研究的不断深入，通过验证性因子分析和结构方程建模对理论模型推导进行实证检验，休闲制约在研究理论和方法上实现了质的跃升，有力地推动了对休闲制约协商领域的深刻认知。

Hubbard 和 Mannell（2001）使用验证性因子分析和结构方程建模来检验协商过程的四个竞争模型，结果显示制约—效应—缓解模型获得了较高的支持度，得到了较好的验证，研究表明制约和动机都对制约协商具有积极的影响；制约对参与起到消极影响；动机和制约协商都对参与具有积极的影响；制约—效应—缓解模型提出当个体遇到制约就会激活协商策略，从而缓解对参与制约的负面影响，同时也发现更高的动机预示着更大的协商结果。Loucks-Atkinson 和 Mannell（2007）将社会心理学概念——自我效能引入休闲制约协商的研究中，并提出协商效能（Negotiation-efficacy）的概念，将协商效能、制约、动机及制约协商四种可量化的指标引入休闲制约协商模型的建构中，并提出了四种模型假设。研究表明协商效能对制约协商和动机都具有积极的影响，进而明显影响活动的参与度。White（2008）在对户外游憩的研究表明，协商效能对动机和制约协商具有积极影响，对休闲制约起到消极作用；协商效能通过对动机的积极作用，可以间接地对参与发挥积极影响。Ridinger 和 Lynn（2012）运用包括协商效能在内的五个变量对马拉松参赛者所构建的协商效能模型的研究也表明，协商效能对马拉松参与具有积极的作用。

遵循众多学者从社会认知和自我效能理论来深化休闲制约的研究范式，我国大众露营旅游的制约研究也需在制约协商研究框架下做进一步的探索研究。

7.2 文献回顾与研究假设

户外游憩制约研究的起源可以追溯到 20 世纪 60 年代美国户外娱乐资源评估委员会（ORRRC）的研究报告（Jackson and Scott，1999；王传伟等，2008），广泛的研究则始于 20 世纪末。Virden 和 Walker（1999）对大学生户外游憩的研究发现，女生比男生更感觉到森林环境的威胁性，其不安全感可能来自对自然的恐惧或者针对女性潜在的身体暴力恐惧等。Coble 等（2003）认为，如果户外游憩活动环境被视为不理想，在那里进行的活动有可能会被取消。Walker 和 Virden（2005）通过对户外游憩的研究指出，户外游憩的制约类似于其他休闲活动如缺乏时间，但可能有更强的制约户外游憩的原因，因为旅行有时必须接触未开发的自然区域。White（2008）对户外游憩的研究显示，制约对户外参与有较强的直接负面影响。Tian 和 Schneider（2015）指出，大多数的实证研究显示制约因素会影响休闲偏好、参与和体验。Ram 和 Hall（2020）提出，经常露营者、偶尔露营者、一次性露营者和非露营者对露营制约的评价不同；非露营者对制约的评级最高，其次是一次性、偶尔和频繁露营者，说明非露营者面临的制约因素更多。无论是对广泛的休闲领域的研究还是对露营制约的研究，结果一致显示制约对参与具有负面的影响。由此，提出以下假设：

H20：露营制约对露营参与具有负向影响。

动机通常被认为是参与行为的重要驱动因素。Jackson 等（1993）指出，动机和制约都是协商进程的启动，结果取决于参与活动的制约与动机之间的相互作用，并由此提出平衡命题，即休闲参与是制约与动机之间平衡的产物。在众多户外游憩研究中，动机通常被概念化为对满足户外游憩体验的渴望，并且常常通过动机量表予以测量。Samdahl 和 Jekubovich（1997）认为，制约协商的动机在早期并未被研究所关注，并指出活动参与者克服休闲制约的动力来自社会关系的重要性，以及与家人、朋友一起参与特定休闲活动的期望。在此种情形下，参与者将有意识、积极主动地回应他们所遇到的休闲制约。John 和 Hollender（1977）指出，露营虽然只是一种休闲的类型，但它是一种复杂的休闲选择，这与露营的休闲动机密不可分。其研究确定了影响露营参与和露营区域选择的七种动机，分别是原始生活方式、逃离日常职责、营地安全、娱乐、户外审美体验、逃离城市压力以及逃离熟悉等。White（2008）研究指出，动机以满足游憩体验的愿望为表现形式，对户外游憩参与有较强的正向影响，是户外参与的最重要的预测因子。由此，提出以下假设：

H21：露营动机对露营参与具有正向影响。

制约因素是活动参与的障碍，但制约的存在并不意味着不参与活动。活动参与的成功与否和参与情况如何，取决于对制约因素的协商结果，协商常常表现为对制约的变通而非是简单地取消活动参与。Kay 和 Jackson（1991）研究发现在经济拮据的情况下，受访者采取节省开支，减少花钱的机会的协商策略；当面临时间制约因素时，人们则压缩了家务时间和工作时间。Jackson 和 Rucks（1995）最早明确设计了一项关于制约协商的研究，研究设计将协商策略分为认知策略和行为策略两大类，行为策略又分为时间管理、技能获取、改变人际关系、改善财务状况等不同维度。研究表明个体通过协商策略，消除或减缓了制约，从而提升了活动参与。Son 等（2008）指出，协商对参与有积极的影响。由此，提出以下假设：

H22：制约协商对露营参与具有正向影响。

越来越多的研究表明，制约很可能会激发协商努力。个体参与活动一旦遇到制约可能会被克服或协商。Hubbard 和 Mannell（2001）使用 CFA 和 SEM 测试了四个竞争模型。研究指出，制约促使人们采用协商策略，从而缓解了制约对参与的负面影响。研究发现，动机与参与之间是通过协商来调节的。White（2008）对户外游憩的协商研究指出，较高的户外游憩动机可能会鼓励使用协商策略和资源来克服制约，制约的体验也通过触发或激活协商结果对参与产生间接的积极影响。Kim 和 Hyounggon（2013）探讨了专业化不同程度的露营者在认知制约与协商策略上的差异性。研究表明，有承诺的露营者更有可能练习协商策略。Schneider 等（2007）在对制约模型进行批判性的研究时指出，动机在制约协商中具有重要的作用。Son 等（2008）指出，动机积极地影响了协商策略，而谈判策略又积极地影响了活动参与。Moghimehfar 和 Halpenny（2016）研究显示，露营者参与环保的动机对协商具有正向影响。基于这些观点，提出以下假设：

H23：露营制约对制约协商具有正向影响。

H24：露营动机对制约协商具有正向影响。

Jackson 等（1993）认为，成功的休闲制约协商可能会增强人们对未来制约

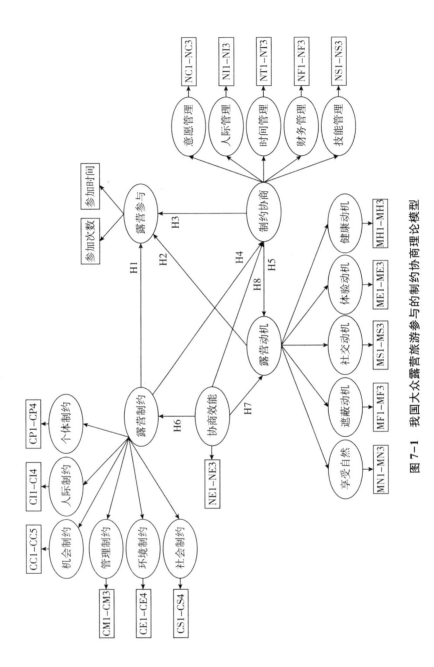

图7-1　我国大众露营旅游参与的制约协商理论模型

协商能力的信心。实际上，效能是一种生成能力，效能的成功获得需要坚持不懈的努力，经常是在生成和测试了多种行为方式和策略之后而产生的效果。个体能力的充分发挥，既需要技能，也需要有效运用技能的自我效能信念。自我效能感被定义为：人们对自身完成既定行为目标所需的行动过程的组织和执行能力的判断。它与一个人拥有的技能无关，但与人们对所拥有的能力能够干什么的判断有关。Henderson 等（1995）提出，人们对于成功使用协商策略能力的"信心"可能是理解人们在制约—参与关系影响中运用协商资源的一个重要维度。Loucks-Atkinson 和 Mannell（2007）研究了纤维肌痛症患者制约协商过程中自我效能的作用。在这项研究中，协商效能被定义为"人们对成功运用协商策略来克服他们所遇到制约的信心"。研究分析了自我效能在制约协商作用中的四种嵌套模型。最终确定的研究模型显示，协商效能正向影响参与的动机强度和协商结果，但协商效能对感知制约没有显著的负向影响。White（2008）从社会认知理论出发进一步指出，协商效能能够激励人员积极性、减少人员对制约的感知和促进协商结果，间接影响积极参与。由此，提出以下研究假设：

H25：协商效能对制约具有负向影响。

H26：协商效能对动机具有正向影响。

H27：协商效能对协商具有正向影响。

基于以上文献梳理，本书构建了我国大众露营旅游参与的制约协商理论模型（见图 7-1）。

7.3　数据分析和研究结果

7.3.1　验证性因子分析

7.3.1.1　一阶测量模型检验

第一，协商效能维度检验。露营旅游协商效能维度共 3 个题项。标准化因素负荷量在 0.835～0.907，多元相关平方在 0.697～0.823，均达到了理想标准；组合信度为 0.895，内部一致性良好；平均方差抽取量为 0.741，均达到了理想标准（见表 7-1）。

表 7-1　协商效能一阶验证性因子分析

维度	题项	参数显著性估计				题目信度		组合信度	收敛效度
		非标准化因素负荷量	标准误	非标准化因素负荷量/标准误	p 值	标准化因素负荷量	多元相关平方	组合信度	平均方差抽取量
协商效能	NE01	1.000				0.838	0.702	0.895	0.741
	NE02	1.188	0.034	35.182	0.000	0.907	0.823		
	NE03	1.055	0.033	32.308	0.000	0.835	0.697		

第二，露营参与维度检验。露营参与维度共 2 个题项。标准化因素负荷量在 0.696~0.835，多元相关平方在 0.484~0.697，达到了可接受标准；组合信度为 0.742，内部一致性良好；平均方差抽取量为 0.591，均达到了理想标准（见表 7-2）。

表 7-2　露营参与一阶验证性因子分析

维度	题项	参数显著性估计				题目信度		组合信度	收敛效度
		非标准化因素负荷量	标准误	非标准化因素负荷量/标准误	p 值	标准化因素负荷量	多元相关平方	组合信度	平均方差抽取量
露营参与	TIME01	1.000				0.696	0.484	0.742	0.591
	TIME02	0.905	0.086	10.549	0.000	0.835	0.697		

7.3.1.2　二阶测量模型检验

Chin（2008）指出，当结构方程模型中有二阶模型时需要考虑两个问题：有一个更一般化、更整体性的因素，可以解释一阶因素之间所有的共同因素；二阶模型因素是否可以完全传递一阶因素之间的关系，而且要与概念模型中其他因素相关。二阶验证性因子分析中效度的分析与一阶验证性因子的分析过程一样，其中需要注意的是一阶因子的收敛效度。二阶因子与一阶因子之间的标准化因素负荷量要大于 0.6，才称为适当的模型拟合度。

Doll 等（1994）建议，要进一步确定模型是否存在二阶模型存在之前，或者说在确定假设模型是否可以进一步精简成二阶模型之前，研究人员要进行以下估计：一是一阶完全有相关验证性因素分析，即潜在变量之间有相关，此模型又称为 CFA 多因素模型，在因素分析中是最常见的模型。因为 CFA 多因素模型潜在变量之间的方差和协方差是被自由估计的，因此因素之间相关程度的大小，可以作为是否要进行二阶处理的标准。一般来说，可以从一阶完全相关验证性因素分析得到是否具有二阶特性的信息，因此要加以评估。二是二阶验证性因素分析，即一阶潜在变量和二阶潜在变量的组合分析，当一阶潜在变量之间存在中高度相关时，也暗示有更高阶的潜在变量存在。

第一，露营制约二阶构面。由于露营制约（CACO）分为个体制约（CP）、人际制约（CI）、机会制约（CC）、管理制约（CM）、环境制约（CE）、社会制约（CS）六个构面，为确保露营制约（CACO）六个构面的合理性，需要依次进行一阶完全有相关 CFA 模型以及二阶 CFA 模型的检验。

个体制约构面。个体制约构面共 6 个题项，标准化因素负荷量在 0.605 ~ 0.741，多元相关平方在 0.366 ~ 0.549，组合信度为 0.833，平均方差抽取量为 0.455，基本符合研究标准（见表 7-3）。

表 7-3　个体制约一阶验证性因素分析

维度	题项	参数显著性估计				题目信度		组合信度	收敛效度
		非标准化因素负荷量	标准误	非标准化因素负荷量/标准误	p 值	标准化因素负荷量	多元相关平方	组合信度	平均方差抽取量
个体制约	CP01	1.000				0.642	0.412	0.833	0.455
	CP02	1.127	0.062	18.287	0.000	0.683	0.466		
	CP03	0.994	0.057	17.501	0.000	0.659	0.434		
	CP04	1.083	0.057	19.125	0.000	0.741	0.549		
	CP05	1.136	0.060	18.948	0.000	0.710	0.504		
	CP06	1.013	0.061	16.664	0.000	0.605	0.366		

人际制约构面。人际制约构面共 4 个题项，标准化因素负荷量在 0.667 ~ 0.809，多元相关平方在 0.445 ~ 0.654，组合信度为 0.817，平均方差抽取量为

0.529，符合研究标准（见表7-4）。

表7-4　人际制约一阶验证性因素分析

维度	题项	参数显著性估计				题目信度		组合信度	收敛效度
		非标准化因素负荷量	标准误	非标准化因素负荷量/标准误	p 值	标准化因素负荷量	多元相关平方	组合信度	平均方差抽取量
人际制约	CI01	1.000				0.709	0.503	0.817	0.529
	CI02	1.116	0.059	19.019	0.000	0.667	0.445		
	CI03	1.258	0.054	23.406	0.000	0.809	0.654		
	CI04	1.133	0.057	19.860	0.000	0.717	0.514		

机会制约构面。机会制约构面共 5 个题项，标准化因素负荷量在 0.643～0.746，多元相关平方在 0.413～0.557，组合信度为 0.822，平均方差抽取量为 0.480，基本符合研究标准（见表7-5）。

表7-5　机会制约一阶验证性因素分析

维度	题项	参数显著性估计				题目信度		组合信度	收敛效度
		非标准化因素负荷量	标准误	非标准化因素负荷量/标准误	p 值	标准化因素负荷量	多元相关平方	组合信度	平均方差抽取量
机会制约	CC01	1.000				0.720	0.518	0.822	0.480
	CC02	0.872	0.045	19.383	0.000	0.678	0.460		
	CC03	0.888	0.041	21.528	0.000	0.746	0.557		
	CC04	0.819	0.043	18.979	0.000	0.643	0.413		
	CC05	0.930	0.047	19.731	0.000	0.674	0.454		

管理制约构面。管理制约构面共 3 个题项，标准化因素负荷量在 0.589～0.701，多元相关平方在 0.347～0.491，组合信度为 0.694，平均方差抽取量为

0.432，属于可接受范围（见表7-6）。

表7-6 管理制约一阶验证性因素分析

维度	题项	参数显著性估计				题目信度		组合信度	收敛效度
		非标准化因素负荷量	标准误	非标准化因素负荷量/标准误	p值	标准化因素负荷量	多元相关平方	组合信度	平均方差抽取量
管理制约	CM01	1.000				0.676	0.457	0.694	0.432
	CM02	0.848	0.053	15.977	0.000	0.589	0.347		
	CM03	0.924	0.052	17.697	0.000	0.701	0.491		

环境制约构面。环境制约构面共4个题项，标准化因素负荷量在0.642～0.789，多元相关平方在0.412～0.623，组合信度为0.799，平均方差抽取量为0.500，基本符合标准（见表7-7）。

表7-7 环境制约一阶验证性因素分析

维度	题项	参数显著性估计				题目信度		组合信度	收敛效度
		非标准化因素负荷量	标准误	非标准化因素负荷量/标准误	p值	标准化因素负荷量	多元相关平方	组合信度	平均方差抽取量
环境制约	CE01	1.000				0.642	0.412	0.799	0.500
	CE02	1.063	0.056	18.888	0.000	0.711	0.506		
	CE03	1.058	0.061	17.302	0.000	0.678	0.460		
	CE04	1.118	0.059	18.828	0.000	0.789	0.623		

社会制约构面。社会制约构面共4个题项，标准化因素负荷量在0.730～0.800，多元相关平方在0.533～0.640，组合信度为0.843，平均方差抽取量为0.574，均符合标准（见表7-8）。

表7-8 社会制约一阶验证性因素分析

维度	题项	参数显著性估计				题目信度		组合信度	收敛效度
		非标准化因素负荷量	标准误	非标准化因素负荷量/标准误	p 值	标准化因素负荷量	多元相关平方	组合信度	平均方差抽取量
社会制约	CS01	1.000				0.730	0.533	0.843	0.574
	CS02	1.016	0.044	22.924	0.000	0.743	0.552		
	CS03	1.070	0.044	24.418	0.000	0.800	0.640		
	CS04	0.992	0.043	23.242	0.000	0.755	0.570		

　　露营制约构面。露营制约构面的标准化因素负荷量在 0.551~0.854，多元相关平方在 0.304~0.729，组合信度为 0.857，平均方差抽取量为 0.506，均符合标准（见表7-9）。

表7-9 露营制约二阶验证性因素分析

维度	题项	参数显著性估计				题目信度		组合信度	收敛效度
		非标准化因素负荷量	标准误	非标准化因素负荷量/标准误	p 值	标准化因素负荷量	多元相关平方	组合信度	平均方差抽取量
露营制约	个体制约	1.000				0.551	0.304	0.857	0.506
	人际制约	1.203	0.114	10.555	0.000	0.585	0.342		
	机会制约	1.519	0.143	10.596	0.000	0.632	0.399		
	管理制约	1.776	0.154	11.559	0.000	0.854	0.729		
	环境制约	1.422	0.129	11.064	0.000	0.801	0.642		
	社会制约	1.584	0.135	11.748	0.000	0.789	0.623		

　　第二，露营动机二阶构面。由于露营动机（CAMO）分为享受自然（MN）、逃避动机（MF）、社交动机（MS）、体验动机（ME）、健康动机（MH）五个构面，为确保露营动机（CAMO）五个构面的合理性，需要依次进行一阶完全有相关的 CFA 模型以及二阶 CFA 模型的检验。

　　享受自然构面。享受自然构面共 3 个题项，标准化因素负荷量在 0.664~0.778，多元相关平方在 0.441~0.605，组合信度为 0.779，平均方差抽取量为 0.542，均符合研究标准（见表7-10）。

表 7-10 享受自然一阶验证性因素分析

维度	题项	参数显著性估计				题目信度		组合信度	收敛效度
		非标准化因素负荷量	标准误	非标准化因素负荷量/标准误	p 值	标准化因素负荷量	多元相关平方	组合信度	平均方差抽取量
享受自然	MN01	1.000				0.778	0.605	0.779	0.542
	MN02	0.809	0.039	21.003	0.000	0.664	0.441		
	MN03	0.984	0.047	20.837	0.000	0.762	0.581		

逃避动机构面。逃避动机构面共 3 个题项，标准化因素负荷量在 0.677 ~ 0.765，多元相关平方在 0.458 ~ 0.585，组合信度为 0.779，平均方差抽取量为 0.542，均符合研究标准（见表 7-11）。

表 7-11 逃避动机一阶验证性因素分析

维度	题项	参数显著性估计				题目信度		组合信度	收敛效度
		非标准化因素负荷量	标准误	非标准化因素负荷量/标准误	p 值	标准化因素负荷量	多元相关平方	组合信度	平均方差抽取量
逃避动机	MF01	1.000				0.677	0.458	0.779	0.542
	MF02	0.839	0.042	20.173	0.000	0.765	0.585		
	MF03	1.109	0.052	21.240	0.000	0.763	0.582		

社交动机构面。社交动机构面共计 3 个题项，标准化因素负荷量在 0.680 ~ 0.879，多元相关平方在 0.462 ~ 0.773，组合信度为 0.848，平均方差抽取量为 0.654，均符合研究标准（见表 7-12）。

表 7-12 社交动机一阶验证性因素分析

维度	题项	参数显著性估计				题目信度		组合信度	收敛效度
		非标准化因素负荷量	标准误	非标准化因素负荷量/标准误	p 值	标准化因素负荷量	多元相关平方	组合信度	平均方差抽取量
社交动机	MS01	1.000				0.680	0.462	0.848	0.654
	MS02	1.446	0.062	23.489	0.000	0.852	0.726		
	MS03	1.448	0.060	24.073	0.000	0.879	0.773		

体验动机构面。体验动机构面共 3 个题项，标准化因素负荷量在 0.627 ~ 0.732，多元相关平方在 0.393 ~ 0.536，组合信度为 0.729，平均方差抽取量为 0.474，基本符合研究标准（见表 7-13）。

表 7-13 体验动机一阶验证性因素分析

维度	题项	参数显著性估计				题目信度		组合信度	收敛效度
		非标准化因素负荷量	标准误	非标准化因素负荷量/标准误	p 值	标准化因素负荷量	多元相关平方	组合信度	平均方差抽取量
体验动机	ME01	1.000				0.732	0.536	0.729	0.474
	ME02	0.863	0.050	17.236	0.000	0.627	0.393		
	ME03	0.941	0.052	17.963	0.000	0.702	0.493		

健康动机构面。健康动机构面共 3 个题项，标准化因素负荷量在 0.625 ~ 0.905，多元相关平方在 0.391 ~ 0.819，组合信度为 0.835，平均方差抽取量为 0.634，均符合研究标准（见表 7-14）。

表 7-14 健康动机一阶验证性因素分析

维度	题项	参数显著性估计				题目信度		组合信度	收敛效度
		非标准化因素负荷量	标准误	非标准化因素负荷量/标准误	p 值	标准化因素负荷量	多元相关平方	组合信度	平均方差抽取量
健康动机	MH01	1.000				0.905	0.819	0.835	0.634
	MH02	0.996	0.031	31.791	0.000	0.832	0.692		
	MH03	0.875	0.040	21.864	0.000	0.625	0.391		

露营动机构面。露营动机构面共 5 个题项，标准化因素负荷量在 0.510 ~ 0.916，多元相关平方在 0.260 ~ 0.839，组合信度为 0.852，平均方差抽取量为 0.545，均符合研究标准（见表 7-15）。

表 7-15 露营动机二阶验证性因素分析

维度	题项	参数显著性估计				题目信度		组合信度	收敛效度
		非标准化因素负荷量	标准误	非标准化因素负荷量/标准误	p 值	标准化因素负荷量	多元相关平方	组合信度	平均方差抽取量
露营动机	享受自然	1.000				0.786	0.618	0.852	0.545
	逃避动机	1.604	0.099	16.209	0.000	0.916	0.839		
	社交动机	0.860	0.071	12.038	0.000	0.510	0.260		
	体验动机	1.255	0.094	13.346	0.000	0.615	0.378		
	健康动机	1.480	0.081	18.315	0.000	0.795	0.632		

第三，制约协商二阶构面。由于制约协商（CONE）分为意愿管理（NC）、人际管理（NI）、时间管理（NT）、财务管理（NF）、技能管理（NS）五个构面，为确保制约协商（CONE）五个构面的合理性，需要依次进行一阶完全有相关的 CFA 模型和二阶 CFA 模型的检验。

意愿管理构面。意愿管理构面共 3 个题项，标准化因素负荷量在 0.706~0.807，多元相关平方在 0.498~0.651，组合信度为 0.807，平均方差抽取量为 0.583，均符合研究标准（见表 7-16）。

表 7-16 意愿管理一阶验证性因素分析

维度	题项	参数显著性估计				题目信度		组合信度	收敛效度
		非标准化因素负荷量	标准误	非标准化因素负荷量/标准误	p 值	标准化因素负荷量	多元相关平方	组合信度	平均方差抽取量
意愿管理	NC01	1.000				0.706	0.498	0.807	0.583
	NC02	1.151	0.053	21.522	0.000	0.774	0.599		
	NC03	1.174	0.054	21.612	0.000	0.807	0.651		

人际管理构面。人际管理构面共 3 个题项，标准化因素负荷量在 0.685~0.796，多元相关平方在 0.469~0.634，组合信度为 0.776，平均方差抽取量为 0.536，均符合研究标准（见表 7-17）。

表 7-17 人际管理一阶验证性因素分析

维度	题项	参数显著性估计				题目信度		组合信度	收敛效度
		非标准化因素负荷量	标准误	非标准化因素负荷量/标准误	p 值	标准化因素负荷量	多元相关平方	组合信度	平均方差抽取量
人际管理	NI01	1.000				0.710	0.504	0.776	0.536
	NI02	0.960	0.050	19.201	0.000	0.685	0.469		
	NI03	1.177	0.049	24.213	0.000	0.796	0.634		

时间管理构面。时间管理构面共 3 个题项，标准化因素负荷量在 0.685 ~ 0.738，多元相关平方在 0.469 ~ 0.545，组合信度为 0.761，平均方差抽取量为 0.514，均符合研究标准（见表 7-18）。

表 7-18 时间管理一阶验证性因素分析

维度	题项	参数显著性估计				题目信度		组合信度	收敛效度
		非标准化因素负荷量	标准误	非标准化因素负荷量/标准误	p 值	标准化因素负荷量	多元相关平方	组合信度	平均方差抽取量
时间管理	NT01	1.000				0.685	0.469	0.761	0.514
	NT02	1.149	0.055	20.762	0.000	0.738	0.545		
	NT03	1.241	0.067	18.446	0.000	0.727	0.529		

财务管理构面。财务管理构面共 3 个题项，标准化因素负荷量在 0.641 ~ 0.815，多元相关平方在 0.411 ~ 0.664，组合信度为 0.773，平均方差抽取量为 0.535，均符合研究标准（见表 7-19）。

表 7-19 财务管理一阶验证性因素分析

维度	题项	参数显著性估计				题目信度		组合信度	收敛效度
		非标准化因素负荷量	标准误	非标准化因素负荷量/标准误	p 值	标准化因素负荷量	多元相关平方	组合信度	平均方差抽取量
财务管理	NF01	1.000				0.815	0.664	0.773	0.535
	NF02	0.706	0.036	19.393	0.000	0.641	0.411		
	NF03	0.962	0.043	22.531	0.000	0.727	0.529		

技能管理构面。技能管理构面共 3 个题项，标准化因素负荷量在 0.785 ~ 0.873，多元相关平方在 0.616 ~ 0.762，组合信度为 0.862，平均方差抽取量为 0.677，均符合研究标准（见表 7-20）。

表 7-20　技能管理一阶验证性因素分析

维度	题项	参数显著性估计				题目信度		组合信度	收敛效度
		非标准化因素负荷量	标准误	非标准化因素负荷量/标准误	p 值	标准化因素负荷量	多元相关平方	组合信度	平均方差抽取量
技能管理	NS01	1.000				0.873	0.762	0.862	0.677
	NS02	0.933	0.031	29.989	0.000	0.785	0.616		
	NS03	0.938	0.030	30.999	0.000	0.807	0.651		

制约协商构面。制约协商构面的标准化因素负荷量在 0.758 ~ 0.922，多元相关平方在 0.575 ~ 0.850，组合信度为 0.922，平均方差抽取量为 0.705，均符合研究标准（见表 7-21）。

表 7-21　制约协商二阶验证性因素分析

维度	题项	参数显著性估计				题目信度		组合信度	收敛效度
		非标准化因素负荷量	标准误	非标准化因素负荷量/标准误	p 值	标准化因素负荷量	多元相关平方	组合信度	平均方差抽取量
制约协商	意愿管理	1.000				0.862	0.743	0.922	0.705
	人际管理	1.009	0.060	16.881	0.000	0.853	0.728		
	时间管理	1.025	0.062	16.666	0.000	0.922	0.850		
	财务管理	1.191	0.074	16.147	0.000	0.792	0.627		
	技能管理	1.141	0.069	16.493	0.000	0.758	0.575		

由于本书的研究模型包含一阶模型和二阶模型，故需要探讨二阶模型的合理性。Doll 等（1994）提出，计算目标系数（Target Coeffcient）T 值是以一阶完全有相关的卡方值除以二阶 CFA 卡方值，结果越接近 1 则表示二阶越能取代一阶模型，使结构模型的估计更为精简。本书的露营制约构面（CACO）二阶模型，

目标系数 = 2155.692/2245.345 = 0.96，即二阶 CFA 模型解释了一阶有相关模型 96%。因此本书的露营制约二阶构面理论模型的符合要求，表示二阶模型成立；本书的露营动机构面（CAMO）二阶模型，目标系数 = 854.890/896.723 = 0.953，即二阶 CFA 模型解释了一阶有相关模型 95.3%。因此，本书的露营动机二阶构面理论模型符合要求，表示二阶模型成立；本书的露营协商构面（CONE）二阶模型，目标系数 = 1554.229/1650.817 = 0.941，即二阶 CFA 模型解释了一阶有相关模型 94.1%。因此，本书的制约协商二阶构面理论模型符合要求，表示二阶模型成立（见表 7-22）。

表 7-22　二阶验证因素的模型拟合指标

构面	二阶验证因素模型	卡方值	自由度	卡方值/自由度	GFI	AGFI	CFI	RMSEA
露营制约 CACO	一阶完全有相关 CFA 模型	2155.692	284	7.59	0.829	0.805	0.848	0.078
	二阶 CFA 模型	2245.345	293	7.663	0.822	0.803	0.842	0.078
露营动机 CAMO	一阶完全有相关 CFA 模型	854.890	80	10.686	0.889	0.854	0.898	0.094
	二阶 CFA 模型	896.723	85	10.55	0.884	0.856	0.893	0.093
制约协商 CONE	一阶完全有相关 CFA 模型	1554.229	80	19.428	0.831	0.778	0.838	0.130
	二阶 CFA 模型	1650.817	85	19.421	0.821	0.779	0.828	0.130
	建议值	越小越好	越大越好	<5	0.8	0.8	0.9	<0.08

由以上分析可知，本书在评估所有构面测量模型拟合程度的基础上，模型通过了一阶模型和二阶模型检验，可以进行后续分析。

7.3.1.3　信效度检验

本书对构面进行 CFA 分析，模型 21 个构面分别为：协商效能（NEEF）、露营参与（CAPA）、露营制约（CACO）、露营动机（CAMO）、制约协商（CONE）、个体制约（CP）、人际制约（CI）、机会制约（CC）、管理制约（CM）、环境制约（CE）、社会制约（CS）、享受自然（MN）、逃避动机（MF）、社交动机（MS）、体验动机（ME）、健康动机（MH）、意愿管理（NC）、人际管理（NI）、时间管理（NT）、财务管理（NF）、技能管理（NS）。数据分析结果显示，所有构面的因素负荷量介于 0.510 ~ 0.922，组合信度（CR）介于 0.694 ~ 0.922，平均方差抽取量（AVE）在 0.432 ~ 0.741，因此本模型基本符合收敛效度的标准，可以满足研究的需要（见表 7-23）。

表 7-23 结构方程模型验证性分析结果

| 维度 | 题项 | 参数显著性估计 | | | | 题目信度 | | 信度 Cronbach's α | 组合信度 | 收敛效度 |
		非标准化因素负荷量	标准误	非标准化因素负荷量/标准误	p 值	标准化因素负荷量	多元相关平方		组合信度	平均方差抽取量
NEEF	NE01	1.000				0.838	0.702	0.894	0.895	0.741
	NE02	1.188	0.034	35.182	0.000	0.907	0.823			
	NE03	1.055	0.033	32.308	0.000	0.835	0.697			
CAPA	TIME01	1.000				0.696	0.484	0.717	0.742	0.591
	TIME02	0.905	0.086	10.549	0.000	0.835	0.697			
CP	CP01	1.000				0.642	0.412	0.831	0.833	0.455
	CP02	1.127	0.062	18.287	0.000	0.683	0.466			
	CP03	0.994	0.057	17.501	0.000	0.659	0.434			
	CP04	1.083	0.057	19.125	0.000	0.741	0.549			
	CP05	1.136	0.060	18.948	0.000	0.710	0.504			
	CP06	1.013	0.061	16.664	0.000	0.605	0.366			
CI	CI01	1.000				0.709	0.503	0.812	0.817	0.529
	CI02	1.116	0.059	19.019	0.000	0.667	0.445			
	CI03	1.258	0.054	23.406	0.000	0.809	0.654			
	CI04	1.133	0.057	19.860	0.000	0.717	0.514			
CC	CC01	1.000				0.720	0.518	0.822	0.822	0.480
	CC02	0.872	0.045	19.383	0.000	0.678	0.460			
	CC03	0.888	0.041	21.528	0.000	0.746	0.557			
	CC04	0.819	0.043	18.979	0.000	0.643	0.413			
	CC05	0.930	0.047	19.731	0.000	0.674	0.454			
CM	CM01	1.000				0.676	0.457	0.691	0.694	0.432
	CM02	0.848	0.053	15.977	0.000	0.589	0.347			
	CM03	0.924	0.052	17.697	0.000	0.701	0.491			
CE	CE01	1.000				0.642	0.412	0.794	0.799	0.500
	CE02	1.063	0.056	18.888	0.000	0.711	0.506			
	CE03	1.058	0.061	17.302	0.000	0.678	0.460			
	CE04	1.118	0.059	18.828	0.000	0.789	0.623			

续表

| 维度 | 题项 | 参数显著性估计 | | | | 题目信度 | | 信度 Cronbach's α | 组合信度 | 收敛效度 |
		非标准化因素负荷量	标准误	非标准化因素负荷量/标准误	p值	标准化因素负荷量	多元相关平方		组合信度	平均方差抽取量
CS	CS01	1.000				0.730	0.533	0.843	0.843	0.574
	CS02	1.016	0.044	22.924	0.000	0.743	0.552			
	CS03	1.070	0.044	24.418	0.000	0.800	0.640			
	CS04	0.992	0.043	23.242	0.000	0.755	0.570			
MN	MN01	1.000				0.778	0.605	0.779	0.779	0.542
	MN02	0.809	0.039	21.003	0.000	0.664	0.441			
	MN03	0.984	0.047	20.837	0.000	0.762	0.581			
MF	MF01	1.000				0.677	0.458	0.773	0.779	0.542
	MF02	0.839	0.042	20.173	0.000	0.765	0.585			
	MF03	1.109	0.052	21.240	0.000	0.763	0.582			
MS	MS01	1.000				0.680	0.462	0.843	0.848	0.654
	MS02	1.446	0.062	23.489	0.000	0.852	0.726			
	MS03	1.448	0.060	24.073	0.000	0.879	0.773			
ME	ME01	1.000				0.732	0.536	0.728	0.729	0.474
	ME02	0.863	0.050	17.236	0.000	0.627	0.393			
	ME03	0.941	0.052	17.963	0.000	0.702	0.493			
MH	MH01	1.000				0.905	0.819	0.818	0.835	0.634
	MH02	0.996	0.031	31.791	0.000	0.832	0.692			
	MH03	0.875	0.040	21.864	0.000	0.625	0.391			
NC	NC01	1.000				0.706	0.498	0.802	0.807	0.583
	NC02	1.151	0.053	21.522	0.000	0.774	0.599			
	NC03	1.174	0.054	21.612	0.000	0.807	0.651			
NI	NI01	1.000				0.710	0.504	0.768	0.776	0.536
	NI02	0.960	0.050	19.201	0.000	0.685	0.469			
	NI03	1.177	0.049	24.213	0.000	0.796	0.634			
NT	NT01	1.000				0.685	0.469	0.756	0.761	0.514
	NT02	1.149	0.055	20.762	0.000	0.738	0.545			
	NT03	1.241	0.067	18.446	0.000	0.727	0.529			

续表

维度	题项	参数显著性估计				题目信度		信度 Cronbach's α	组合信度 组合信度	收敛效度 平均方差抽取量
		非标准化因素负荷量	标准误	非标准化因素负荷量/标准误	p值	标准化因素负荷量	多元相关平方			
NF	NF01	1.000				0.815	0.664	0.769	0.773	0.535
	NF02	0.706	0.036	19.393	0.000	0.641	0.411			
	NF03	0.962	0.043	22.531	0.000	0.727	0.529			
NS	NS01	1.000				0.873	0.762	0.861	0.862	0.677
	NS02	0.933	0.031	29.989	0.000	0.785	0.616			
	NS03	0.938	0.030	30.999	0.000	0.807	0.651			
CACO	CP	1.000				0.551	0.304	0.905	0.857	0.506
	CI	1.203	0.114	10.555	0.000	0.585	0.342			
	CC	1.519	0.143	10.596	0.000	0.632	0.399			
	CM	1.776	0.154	11.559	0.000	0.854	0.729			
	CE	1.422	0.129	11.064	0.000	0.801	0.642			
	CS	1.584	0.135	11.748	0.000	0.789	0.623			
CAMO	MN	1.000				0.786	0.618	0.872	0.852	0.545
	MF	1.604	0.099	16.209	0.000	0.916	0.839			
	MS	0.860	0.071	12.038	0.000	0.510	0.260			
	ME	1.255	0.094	13.346	0.000	0.615	0.378			
	MH	1.480	0.081	18.315	0.000	0.795	0.632			
CONE	NC	1.000				0.862	0.743	0.916	0.922	0.705
	NI	1.009	0.060	16.881	0.000	0.853	0.728			
	NT	1.025	0.062	16.666	0.000	0.922	0.850			
	NF	1.191	0.074	16.147	0.000	0.792	0.627			
	NS	1.141	0.069	16.493	0.000	0.758	0.575			

本书应用严谨的 AVE 法对区分效度进行检验。分析结果显示，研究对角线各构面 AVE 均方根均大于对角线外的标准化相关系数，因此模型研究构面之间具有良好的区分效度（见表 7-24）。

表 7-24　潜在变量区分效度检验

	AVE	协商效能	露营参与	露营制约	露营动机	制约协商
协商效能	0.741	**0.861**				
露营参与	0.591	0.113	**0.769**			
露营制约	0.506	−0.103	−0.416	**0.711**		
露营动机	0.545	0.369	0.025	0.090	**0.738**	
制约协商	0.705	0.429	−0.012	0.344	0.404	**0.840**

7.3.2　模型拟合度检验

本书的卡方值（χ^2）= 9892.177，卡方值/自由度（χ^2/df）= 5.669，拟合优度指标（GFI）= 0.738，调整后的拟合优度指标（AGFI）= 0.725，近似误差均方根（RMSEA）= 0.065，标准化残差均方根（SRMR）= 0.062，塔克—刘易斯指标（TLI）= 0.762，比较拟合指标（CFI）= 0.773，显示模型具可以接受的模型拟合度（见表 7-25）。

表 7-25　模型拟合度检验

拟合指标	可容许范围	研究模型拟合度
卡方值（χ^2）	The small the better	9892.177
自由度（df）	The large the better	1745.000
卡方值/自由度 [Normed Chi-sqr（χ^2/df）]	$1<\chi^2/df<3$	5.669
拟合优度指标（GFI）	0.9	0.738
调整后的拟合优度指标（AGFI）	0.9	0.725
近似误差均方根（RMSEA）	$\leqslant 0.08$	0.065
标准化残差均方根（SRMR）	$\leqslant 0.08$	0.062
塔克—刘易斯指标（非规范拟合指标）[TLI（NNFI）]	0.9	0.762
比较拟合指标（CFI）	0.9	0.773

7.3.3 模型拟合度修正

利用 Bollen 和 Stine（1992）提出利用 Bootstrap 的方式加以修正。Amos 内置 Bollen-Stine p 值校正方法的功能，可执行 p 值校正。值得注意的是，SRMR 指标是用残差值计算而得并非用卡方差异值计算，所以无法被修正。修正后的内容如下，所有的拟合度指标都有显著的提升（见表 7-26）。

表 7-26 修正后模型拟合度

拟合指标	可容许范围	研究模型拟合度
卡方值（Bollen-Stineχ^2）	The small the better	1899.584
自由度（df）	The large the better	1745
卡方值/自由度 ［Normed Chi-sqr（χ^2/df）］	1<χ^2/df<3	1.089
拟合优度指标（GFI）	0.9	0.950
调整后的拟合优度指标（AGFI）	0.9	0.945
近似误差均方根（RMSEA）	≤0.08	0.009
标准化残差均方根（SRMR）	≤0.08	0.060
塔克—刘易斯指标（非规范拟合指标） ［TLI（NNFI）］	0.9	0.996
比较拟合指标（CFI）	0.9	0.996

7.3.4 假设检验

经过对研究假设进行检验实证结果显示（见表 7-27），露营制约（CACO）对露营参与（CAPA）的非标准化回归系数为 -1.117，达到显著水平（z-value=-7.633，p-Value=0.000），故 H20 成立；露营动机（CAMO）对露营参与（CAPA）的非标准化回归系数为 -0.011，未达到显著水平（z-value=-0.107，p-Value=0.915），故 H21 不成立；制约协商（CONE）对露营参与（CAPA）的非标准化回归系数为 0.280，达到显著水平（z-value=3.223，p-Value=0.001），故 H22 成立；露营制约（CACO）对制约协商（CONE）的非标准化回归系数为 0.465，达显著水平（z-value = 8.410，p-Value = 0.000），故 H23 成立；露营动机（CAMO）对制约协商（CONE）的非标准化回归系数为 0.328，达到显著水平（z-value = 6.682，p-Value = 0.000），故 H24 成立；协商效能（NEEF）对于露营制约（CACO）的非标准化回归系数为 -0.054，达显著水平（z-value = -2.746，p-Value = 0.006），故 H25 成立；协商效能（NEEF）对露营动机（CAMO）的非标准化回归系数为 0.187，达到显著水平（z-value = 9.894，p-Value = 0.000），故研究假设 H26 成立；协商效能（NEEF）对制约协商（CONE）的非标准化回归系数为 0.261，达到显著水平（z-value = 10.243，p-Value = 0.000），故 H27 成立，最终结构方程模型（见图 7-2）。

表 7-27　研究假设的实证结果

因变量	自变量	非标准化回归系数	标准误	非标准化回归系数/标准误	p 值	标准化回归系数	假设成立与否	
露营参与	露营制约	-1.117	0.146	-7.633	0.000	-0.467	假设 H20	成立
	露营动机	-0.011	0.104	-0.107	0.915	-0.004	假设 H21	不成立
	制约协商	0.280	0.087	3.223	0.001	0.148	假设 H22	成立
制约协商	露营制约	0.465	0.055	8.410	0.000	0.369	假设 H23	成立
	露营动机	0.328	0.049	6.682	0.000	0.243	假设 H24	成立
	协商效能	0.261	0.025	10.243	0.000	0.381	假设 H25	成立
露营制约	协商效能	-0.054	0.020	-2.746	0.006	-0.099	假设 H26	成立
露营动机	协商效能	0.187	0.019	9.894	0.000	0.368	假设 H27	成立

7.3.5　中介效果分析

中介变量（mediator）是自变量对因变量发生影响的中介，是在自变量 X 对因变量 Y 产生的影响中，起到桥梁作用的变量，即 X 通过影响变量 M 而对 Y 产生影响，则称 M 为中介变量（温忠麟和叶宝娟，2014）。中介效应的检验方法通常有因果逐步回归检验法、系数乘积法、间接效果自助法检验等。

Baron 和 Kenny（1986）最早提出因果逐步回归检验法，因果逐步回归检验法简单易懂、容易解释，因而受到了广泛的应用，但有学者认为其检验效能较低，近年来不断受到批评和质疑，有学者甚至呼吁停止使用其中的依次检验，提

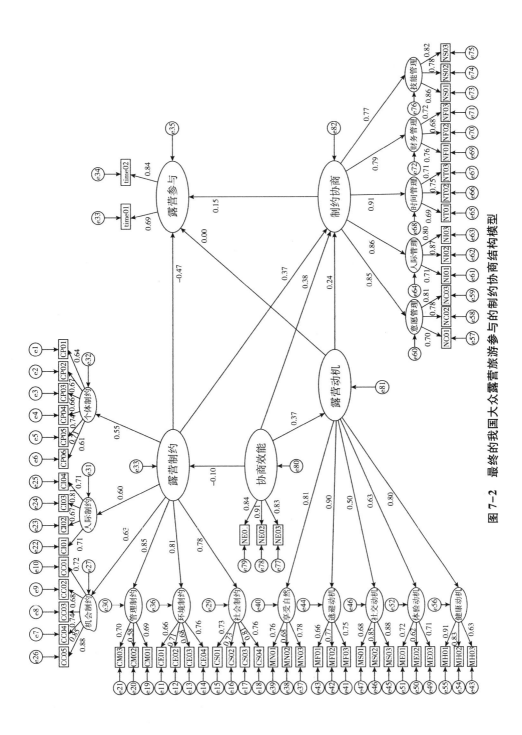

图 7-2 最终的我国大众露营旅游参与的制约协商结构模型

出乘积系数法的统计功效优于因果逐步回归法，因此系数乘积法逐渐受到研究者的青睐。但使用系数乘积法的前提需要满足中介效应是正态分布且需要大样本。

由于检验统计量依据的正态分布前提很难满足，特别是样本量较少时。所以，MacKinnon 等（2004）和 Williams 等（2008）提出，以自助法（Bootstrap）进行间接效果的检验会比因果逐步回归检验法和系数乘积法更具有统计检验力。温忠麟和叶宝娟（2014）也提出，目前得到公认的是 Bootstrap 法直接检验系数乘积 a×b，在各种复杂模型中都广泛运用。

Bootstrap 法是将原始样本采用抽出后再放回的重复抽样统计方法。当产生一次的抽样样本，便自行估计一次 a×b 的乘积。Hayes 等（2009）建议这个过程至少重复 1000 次，若能重复进行 5000 次则更为理想。若研究者进行 1000 次的重复抽样，那么间接效果 a×b 则会产生 1000 次的估计值，这 1000 次间接效果将会形成自己的抽样分配，进而可以产生间接效果的标准误及信赖区间。

本书采用间接效果自助法（Bootstrap）检验，进行总效果、直接效果及间接效果的分析，中介效果分析如下（见表 7-28）。

表 7-28 露营旅游参与的制约协商中介分析

效果	点估计	系数乘积			自助法 1000 次	
					置信区间	
		标准误	Z 值	p 值	下界	上界
总效果						
NEEF→CAPA	0.141	0.037	3.845	0.000	0.074	0.217
总间接效果						
NEEF→CAPA	0.141	0.037	3.845	0.000	0.074	0.217
特定间接效果						
NEEF→CACO→CAPA	0.060	0.026	2.272	0.023	0.010	0.117
NEEF→CAMO→CAPA	−0.002	0.018	−0.116	0.908	−0.038	0.033
NEEF→CONE→CAPA	0.073	0.023	3.150	0.002	0.033	0.125
NEEF→CACO→CONE→CAPA	−0.007	0.004	−1.943	0.052	−0.016	−0.001
NEEF→CAMO→CONE→CAPA	0.017	0.006	2.739	0.006	0.008	0.034
总效果						
CACO→CAPA	−0.987	0.149	−6.612	0.000	−1.296	−0.735
总间接效果						
CACO→CONE→CAPA	0.130	0.046	2.817	0.005	0.054	0.240

续表

效果	点估计	系数乘积			自助法 1000 次 置信区间	
		标准误	Z 值	p 值	下界	上界
直接效果						
CACO→CAPA	−1.117	0.173	−6.464	0.000	−1.506	−0.821
总效果						
CAMO→CAPA	0.081	0.089	0.912	0.362	−0.103	0.244
总间接效果						
CAMO→CONE→CAPA	0.092	0.032	2.874	0.004	0.040	0.166
直接效果						
CAMO→CAPA	−0.011	0.096	−0.115	0.908	−0.209	0.175
总效果						
NEEF→CONE	0.298	0.038	7.782	0.000	0.231	0.378
总间接效果						
NEEF→CONE	0.036	0.016	2.243	0.025	0.007	0.070
特定间接效果						
NEEF→CACO→CONE	−0.025	0.011	−2.308	0.021	−0.048	−0.005
NEEF→CAMO→CONE	0.061	0.012	5.042	0.000	0.041	0.089
直接效果						
NEEF→CONE	0.261	0.039	6.713	0.000	0.194	0.345

在 NEEF（协商效能）→CAPA（露营参与）的总效果中，其 $p<0.05$，且此置信区间并未包含 0 [0.074, 0.217]，表示总效果成立；在 NEEF（协商效能）→CACO（露营制约）→CAPA（露营参与）的特定间接效果中，其 $p<0.05$，且此置信区间并未包含 0 [0.01, 0.117]，表示特定的间接效果成立，即中介效果存在；在 NEEF（协商效能）→CAMO（露营动机）→CAPA（露营参与）的特定间接效果中，$p>0.05$，置信区间包含 0 [−0.038, 0.033]，表示特定间接效果不成立；在 NEEF（协商效能）→CONE（制约协商）→CAPA（露营参与）的特定间接效果中，其 $p<0.05$，且此置信区间并未包含 0 [0.033, 0.125]，表示特定的间接效果成立，即中介效果存在；在 NEEF（协商效能）→

CACO（露营制约）→CONE（制约协商）→CAPA（露营参与）的特定间接效果中，置信区间未包含 0［-0.016，-0.001］，表示特定间接效果成立，即中介效果存在；在 NEEF（协商效能）→CAMO（露营动机）→CONE（制约协商）→CAPA（露营参与）的特定间接效果中，其 p<0.05，且此置信区间并未包含 0 ［0.008，0.034］，表示特定的间接效果成立，即中介效果存在。

在 CACO（露营制约）→CAPA（露营参与）的总效果中，其 p<0.05，且此置信区间并未包含 0 ［-1.296，-0.735］，表示总效果成立；在 CACO（露营制约）→CONE（制约协商）→CAPA（露营参与）的总间接效果中，其 p<0.05，且此置信区间并未包含 0 ［0.054，0.240］，表示总间接效果成立，即中介效果存在。

在 CAMO（露营动机）→CAPA（露营参与）的总效果中，其 p>0.05，且此置信区间包含 0 ［-0.103，0.244］，表示总效果不成立；在 CAMO（露营动机）→CONE（制约协商）→CAPA（露营参与）的总间接效果中，其 p<0.05，且此置信区间并未包含 0 ［0.040，0.166］，表示总间接效果成立，即中介效果存在。

在 NEEF（协商效能）→CONE（制约协商）的总效果中，其 p<0.05，且此置信区间并未包含 0 ［0.231，0.378］，表示总效果成立；在 NEEF（协商效能）→CACO（露营制约）→CONE（制约协商）的特定间接效果中，其 p<0.05，且此置信区间并未包含 0 ［-0.048，-0.005］，表示特定的间接效果成立，即中介效果存在；在 NEEF（协商效能）→CAMO（露营动机）→CONE（制约协商）的特定间接效果中，其 p<0.05，且此置信区间并未包含 0 ［0.041，0.089］，表示特定的间接效果成立，即中介效果存在。

7.4　讨论分析

7.4.1　露营制约对露营参与具有显著的负向影响

露营制约显著负向影响露营参与，该研究结论与国外的研究结论一致（Jackson et al.，1993；Hubbard and Mannell，2001；Loucks-Atkinson and Mannell，2007；White，2008；Son et al.，2008；Jun et al.，2011）。Crawford 等（1991）认为，只有那些能够克服个体内部制约并形成活动偏好的人才能通过与

同伴的协商来解决人际制约，一旦这些制约因素被克服，人们就需要协商结构性制约因素以进行活动参与。Carroll 和 Alexandris（1997）和 Alexandris 等（2002）研究指出，较高的制约水平往往与较低的参与度相关。邱亚君和许娇（2014）指出，制约因素与行为之间存在显著的负相关关系。陈楠和苗长虹（2015）通过建立结构方程模型提出，休闲制约与节事参与呈负相关关系。

由于露营旅游具有户外时间跨度大、需要一定的户外露营技能等特点，露营旅游较传统的观光旅游要求具备的户外安全和技能要求相对较高，人们参与露营旅游往往由于缺乏足够的安全感、担心户外出现意外得不到及时救护、担心户外受到骚扰、伤害等因素而难以跨越个体制约。当人们跨越个体制约后，露营参与可能会遇到来自家庭责任的困扰或是缺乏家庭成员的支持，抑或缺乏一起出行的同伴。尤其是参与非经营性露营，如有同伴的协助将减轻装备整理的负担，同时也增强了露营旅游的安全感，对于女性露营者更是如此，人际制约对露营旅游参与具有显著的负向影响在第 6 章已得到验证。然而，露营旅游参与最多的制约因素还是来自传统分类的结构性制约因素。谭建共和严宇文（2018）通过对大学生户外运动休闲的研究认为，个体制约、人际限制、结构性制约与户外休闲运动参加次数存在非常显著的负相关。由于我国露营旅游起步较晚，露营旅游相应的管理、服务体系尚未健全，露营旅游面临如露营信息获取困难、露营基础设施配套不完善、露营地规划滞后、营地生态环境破坏及适合地点由于缺乏管理而禁止露营等一系列制约。无论制约因素是来自个体、人际还是露营机会、管理、环境及社会等方面，都不同程度地影响着人们的露营参与。

7.4.2　制约协商对露营参与具有显著的正向影响

露营旅游的制约协商对露营参与有显著的促进作用。这一结论与国外研究结果呈现出一致性（Jackson et al.，1993；Hubbard and Mannell，2001；Loucks-Atkinson and Mannell，2007；Son et al.，2008；Jun et al.，2011）。这也表明，现阶段人们在参与露营旅游这一新兴旅游方式时，面对不同的制约表现出的积极能动性。分析其原因，目前我国露营旅游规划、管理及服务体系建设尚不能有效地满足人们多元化、个性化的露营需求。尤其是对露营旅游要求较高的深度露营者而言，一般性的露营已无法满足他们的需求，这在一定程度上对其形成了结构性制约。但同时我国丰富的户外旅游资源为露营者提供了广阔的露营空间，深度露营者不再局限于经营性露营地的普通体验，而是转向更为自由的野外露营。此外，由于现阶段我国户外露营群的大量激增，经营性露营地的管理、服务或是费用一旦对部分露营者形成制约，则这些露营者会改变原有参与经营性露营地的惯性，转而跟随户外露营群进行露营。这一研究结果也佐证了 Jackson 等（1993）提出的：参与并不取决于有无制约，而是取决于通过制约进行的协商。这样的协商可能会改变而不是取消参与权。

7.4.3 露营制约对制约协商具有显著的正向影响

露营制约对制约协商有显著的促进作用，该结论与国外多数的研究结果相同（Hubbard and Mannell，2001；Loucks-Atkinson and Mannell，2007；White，2008；Ridinger and Mannell，2012）。这一研究结果支持了制约效应缓解模型提出的结论，即遇到制约似乎会引发两种相反的力量——直接来自制约的对参与的抑制性影响，及由协商努力引发的促进性影响。研究表明，露营的制约因素是可协商的，制约在一定程度上激发了个体的协商潜能。究其原因，近两年，人们的健康旅游需求逐渐提升，露营旅游以其亲近自然、旅游空间相对独立、运动健康元素融入等特点备受人们的青睐。虽然人们在参与露营旅游过程中会面临不同形式制约因素的影响，但对于露营旅游的兴趣和偏好，则可能激发个体的协商潜能，进而对露营制约因素做出积极回应并尝试参与，而非简单地取消露营参与。李慧（2016）指出，制约感知越高，人们的旅游意向越强烈，表面上看似有悖常理，实际反映出游客对旅游目的地的憧憬。研究结论虽然指出制约并非意味着不参与，但并未指出其中的协商机制。事实上，当人们面对露营旅游这类具有吸引力的活动制约时，往往更能激发人们的协商潜能，人们通过积极的协商可能只是改变了参与露营的方式、时间或是地点而已。

7.4.4 露营动机对制约协商具有显著的正向影响

研究结果显示，露营动机对协商具有积极的影响。研究结论与多数国外的研究结果一致（Loucks-Atkinson and Mannell，2007；White，2008；Son et al.，2008；Moghimehfar et al.，2016）。研究表明，动机在制约协商过程中起着核心作用。动机作为激发制约协商努力的潜在触发因素而发挥其积极影响。人们对于参与旅游、增进健康的诉求成为参与露营的重要动机。近几年，人们从注重享乐到更多地考虑健康威胁作为旅行的制约因素，因此人们调整了他们的旅行行为，在本国境内旅行或是避免拥挤的大众旅游目的地。人们对露营旅游的自然、健康等动机激发了自身对露营制约的变通能力，从而积极地应对露营制约，使露营协商能力得到提升。

7.4.5 协商效能对露营制约具有显著的负向影响

协商效能对露营制约具有负向影响，研究结果支持研究假设。该结论与Loucks-Atkinson 和 Mannell（2007）的结论不同，后者的研究表明协商效能对感知制约没有显著的负向影响。但该结论支持了 White（2008）对于户外游憩制约协商的研究结论，即协商效能能够减少人员对制约的感知和促进协商结果。究其原因，可能是研究对象不同所致。Loucks-Atkinson 和 Mannell（2007）的研究对象是纤维肌痛症患者。对于一般研究对象而言，协商效能可能会减弱人们对制约的感知；而对于病痛患者，由于自身需要同疾病带来的痛苦进行抗争来克服各种制约，虽然协商效能能够发挥积极作用，但由于同病痛抗争的能力有限，不足以减轻患者对制约的感知，即对于病痛患者这类特殊群体而言，协商效能对于制约影响难以起到明显的负向影响。对于露营旅游者而言，协商的对象更多是结构性制约因素，并且协商的积极结果会给露营者带来成功参与露营的愉悦体验，因此个体更愿意去协商，个体对于积极协商结果的憧憬及协商信心的增强，极大地减弱了个体对露营制约因素的感知。

7.4.6 协商效能对露营动机和制约协商具有显著的正向影响

这一研究结果佐证了 White（2008）的研究结论，即对协商效能感有较高认知的个体更有动力参与户外活动，具有较高协商效能的个体更倾向于将其参与行为的原因归结为个人努力协商的能力和面对挑战的坚持能力。自我效能会影响克服挑战或问题所付出的努力，所以，效能感被认为会影响到动机进而影响到行为（Bandura，1986）。因此，对休闲制约的效能则可能会影响到协商过程的成功（克服制约的能力）（Loucks-Atkinson and Mannell，2007）。对于露营者而言，生理情感、社会说服、直接经验或是间接经验获得的协商效能都在一定程度上激发了个体潜在的参与动机。当今人们生活在网络信息化的环境中，各种网络平台的露营攻略、露营旅游情景都起到了社会说服及间接经验获得的作用，无形中提升了个体的露营协商效能。协商效能感会积极地影响参与动机强度，进而动机会增加协商的努力（Loucks-Atkinson and Mannell，2007）。个体露营协商效能的提升对强化露营参与动机及协商努力都起到了积极的作用。

7.4.7 露营动机间接影响露营旅游参与

研究结果显示，露营动机不直接影响露营旅游参与，但露营动机可以通过制约协商影响露营参与，制约协商具有完全中介作用，即露营动机对制约协商具有积极的影响，制约协商对露营参与具有积极的影响，但露营动机对露营参不具有影响。这一结论与 Son 等（2008）的结论相一致，即动机积极地影响了协商策略，而协商策略又积极地影响了活动参与。该结论也与 Hubbard 和 Mannell（2001）的结论部分一致，后者的研究也发现动机对参与的主要影响是间接的；其研究结果也显示了动机对参与具有积极的影响，即制约协商具有部分中介的作用。研究结果与 White（2008）的结论不一致，后者认为动机对协商具有直接的正向影响，其结果也显示动机对参与具有积极的影响，但制约协商对参与的影响不具有显著性，即动机分别直接影响参与和制约协商，动机不通过制约协商影响参与，制约协商不具有中介效应。该结论也从一个侧面支持了戈登·沃克和梁海东（2012）的观点，即动机驱使下的休闲活动具有举世普遍性的特征，但休闲参与总的来说是随文化不同而呈现出不同的方式。

分析其原因，Jackson 等（1993）的平衡命题指出，协商过程的开始和结果取决于动机与制约之间的相对强度和相互作用。Carroll 和 Alexandris（1997）在对动机强度与制约关系的研究中指出，动机与感知到的制约呈负相关。Moghime-hfar 和 Halpenny（2016）在对阿尔伯塔省乡村露营者参与环保行为的研究中提出，在很多研究中，动机被认为是克服休闲制约的重要因素。Hubbard 和 Mannell（2001）指出，积极性较高的人对他们遇到的制约做出了更大的努力来协商。因此，制约协商过程和结果取决于露营动机及露营制约的相对强度和相互作用。由于欧美国家户外游憩发展非常成熟，人们在面临制约时能够使用的协商资源较为丰富，所以对制约的感知较弱；制约相对于动机而言，其强度较弱，而动机呈现出较高的显性作用，所以动机对于参与呈现出显著的积极作用。

目前，我国露营旅游处于起步发展阶段，人们参与露营面临的各种制约较为突出，因此，我国大众露营旅游对制约的感知较为明显。戈登·沃克和梁海东（2012）指出，在一项针对加拿大和中国大学生休闲行为的研究中发现，两国大学生的休闲行为主要都是来自内在动机，然而相对于加拿大学生而言，中国学生明显缺乏确认动机（目标对个体的重要性）和内摄动机（维护自尊或避免自责）。因此，当前人们的露营动机可能强度有限，对露营参与的直接影响不大；

而现阶段我国大众露营旅游的制约因素较强,所以制约相对于露营动机而言,其强度明显要大于动机,制约会激发制约协商努力,由此呈现出动机通过制约协商影响露营参与,制约协商具有完全中介作用。这一研究结论受到我国露营旅游所处发展阶段的影响。

7.4.8 协商效能间接影响露营旅游参与

现有的研究结果显示,协商效能对参与没有直接影响,而是对制约、制约协商以及动机有显著影响(Loucks‐Atkinson and Mannell,2007;White,2008;Ridinger et al.,2012)。通过进一步研究发现,协商效能可以分别通过制约和露营动机最后通过制约协商间接影响露营参与;也可以直接通过制约协商间接影响露营参与。研究结论支持了 White(2008)在 Jackson 等(1993)的基础上添加并完善的第七个命题,即人们对成功利用协商资源应对制约的信心越大,动机越大,协商的结果越大,对制约的感知越少,参与程度就越高。Loucks‐Atkinson 和 Mannell(2007)指出,对自己成功利用资源克服困难的能力有信心的人,其参与的动机水平更高,同时动机会因此增加协商的努力,但是协商效能与参加活动与没有直接联系,协商效能的影响是其通过动机和协商的影响来中介的。现阶段,人们参与露营旅游虽然会面临各种各样的制约,但同时对露营旅游这一新兴事物的需求激发了人们的露营动机,强化了人们的协商效能。协商效能对弱化制约感知、强化露营动机有明显的影响作用。个体露营协商效能的提升无疑对推动露营参与具有积极的作用。

7.5 本章小结

本章以制约协商理论为研究框架,探讨露营制约、露营动机、制约协商及协商效能与露营参与间的关系。其中露营参与和协商效能为一阶构面,露营制约、露营动机及制约协商为二阶构面。研究结果显示,制约因素、动机、协商及协商效能等并不是独立影响露营参与的因素,这些因素是相互关联的,存在交互作用。露营制约负向影响露营参与;制约协商则正向影响露营参与;露营动机和协商效能均间接影响露营参与;露营制约和露营动机对制约协商均具有积极的影响;协商效能则负向影响露营制约,正向影响露营动机和制约协商。

8 研究结论、建议、创新、局限及展望

8.1 研究结论

个体对不同层面露营制约因素的整体感知主要体现在以下几个方面：个体制约维度主要受安全方面的影响；人际制约维度主要受同伴出行方面的影响；机会制约维度主要受可自由支配的露营时间的影响；管理制约维度主要受经营性露营的低效供给的影响；环境制约维度主要受环境安全方面的影响；社会制约维度主要受来自非经营性露营的社会性限制的影响。

人口统计变量与露营制约种类、程度之间存在密切关系。我国女性露营旅游者在个体制约和环境制约层面明显大于男性，呈现显著性差异；不同收入露营群体表现出较低收入群体比较高收入的群体感知到了更多层面的制约影响；不同学历层次群体随着学历层次的提升感受到的个体制约、人际制约、机会制约及管理制约越明显；体验参与和偶尔参与群体在个体制约和人际制约层面的制约感知与其他群体呈现出差异性，主要源于这两类群体在露营专业化方面较弱，未能形成稳定的露营旅游偏好所致。

我国大众露营旅游参与受到多维度因素影响，且影响因素间表现出复杂的交互作用。当前我国大众露营旅游参与的制约因素主要来自人际制约、环境制约、社会制约及管理制约层面。人际制约、环境制约和社会制约均对露营旅游参与具

有显著的负向影响；而管理制约对露营旅游参与具有显著的正向影响。管理制约无形中对露营参与起到了推动作用，看似有悖常理的结论，但实质上是露营参与者通过积极协商完成的，即人们通过积极的协商可能只是改变了参与露营的方式、时间或地点而已，其原因是目前国内的露营管理与服务忽视或未能满足人们的露营旅游体验需求所致。管理制约对人们露营参与形成了显著的正向影响，将导致我国露营旅游的野蛮生长及无序发展，这将严重损害我国露营旅游高质量发展之根基。

露营制约、露营动机、制约协商及协商效能四个维度对人们的露营参与均具有直接或间接的影响，各维度并不是独立影响露营参与的因素，这些因素是相互关联，存在交互作用。露营制约是露营参与的直接阻碍因素，制约协商、协商效能及露营动机是露营参与的推动因素，但只有制约协商直接正向影响露营参与；协商效能只能间接影响露营参与，可通过露营动机和制约协商中介影响露营参与；露营动机也间接影响露营参与，可通过制约协商影响露营参与。露营制约和露营动机对制约协商有积极的影响；协商效能对露营制约具有显著的负向影响，对露营动机和制约协商则具有显著的正向影响。

8.2 研究建议

大众露营旅游参与层面：一是人们应增强文明露营旅游意识。积极践行"无痕露营"出游方式，避免植被被过度踩踏及露营环境的人为污染。二是人们需要提升露营旅游的安全意识，露营应远离河滩、洪涝、山洪、地质灾害等自然灾害多发地和危险野生动植物区域，确保露营旅游良好的体验环境。三是露营者应遵守露营规范，维护露营秩序。避免在"野景点"和私设"景点"进行露营活动，尤其是避免单独地进入未开发、未开放的区域进行露营，以免出现露营安全问题。

露营旅游经营层面：一是在组织露营旅游活动时，应更多地倾向家庭露营旅游、青少年研学露营及团建露营旅游活动等露营形式的开展，以最大程度消解个体露营旅游参与的人际制约影响。二是在露营旅游产品设计中应注重立足当地环境，凸显自然和人文地域性，注重与户外运动、休闲康养、自然教育等产业的深度融合，结合艺术节、民族传统节日习俗、体育比赛等群众性节事赛事活动，提高互动参与，提升露营旅游品质，同时要明确营地收费标准，要提供真实准确的宣传营销信息，规范管理经营，为人们的露营旅游需求提供有力支撑。三是营地运营者应充分了解自身营地特点，在宣传角度上合理划分露营人群，为露营者提供不同需求的多元化选择，并注重个性化体验。同时露营地应注重服务设施的提升和人性化设计，完善功能分区，注重细节设计，尤其是卫生设施、水、电及餐饮服务等露营旅游基础服务水平的提升，以提高露营旅游精细化管理服务水平。此外，应强化露营安全意识，设置露营野外安全导览标识和安全提示，加强露营旅游的安全和森林草原防灭火等管理，以弱化社会制约影响。

露营旅游管理层面：一是应协调配置郊外公园、草坪协管人员，改变当前城郊绿地、公园、开放空地等可供露营的公共区域管理"真空"的现状，应投入市政力量用于公共区域露营的日常维护和清洁。二是强化露营地经营者安全管理责任，加强露营旅游安全管理。落实灾害预警发布主体责任，完善警示标识，开展安全宣传，细化转移避险措施。一旦预报有大风、强降雨等恶劣天气，应立即开展巡查管控，必要时果断采取关闭营地、劝离转移游客等措施。三是露营旅游管理部门应提前研判节庆、假期出游情况，在露营旅游高峰期加强安全提示和信息服务，做好安全信息发布。推动营地线上平台导航，安装远程监控等安全管理设备。鼓励保险机构创新推出露营旅游保险服务，围绕场地责任、设施财产、人身意外等开发保险产品。

基于大众露营旅游参与的制约消解层面：一是树立科学系统的露营管理理念，提升露营产业层级管理认知。人们的露营参与需求超越相应的管理范畴，就会形成露营参与的制约，进而影响露营参与。基于露营活动的管理是以供给为导向的，较少关注露营者需求层面，是以露营供给的不断摸索为基础的管理模式。活动管理呈现出供给对需求升级的敏感性不强、适应性不足、管理难以规避效率不高及生态效益不足等缺陷。体验管理强调露营者的体验感知，是以露营者为导向的管理模式，是建立在活动管理基础上的，聚焦露营供需两端的价值共创。体验管理要求把露营活动、露营偏好及露营体验所发生的环境属性或特征联系起来，通过对露营者体验的评估与分析为露营的有效供给提供支撑。效益管理是活动管理和体验管理的升华。效益管理不但关注露营者个体的心理、生理体验，而且关注环境、经济、社会及文化上的效益；不仅要关注直接效益还要关注长期效益。因此，露营管理需要在活动管理和体验管理的基础上提升效益管理，为我国露营产业高质量的发展提供坚实保障。二是强化风景管理和影响管理理念，积极构建露营生态管理体系。环境作为人们参与露营的重要影响因素对机会制约、管理制约及社会制约都具有显著影响，进而会影响人际制约和露营参与。因此，我国露营旅游的规范发展应强化风景管理和影响管理理念，积极构建露营生态管理体系。风景管理理念是将特定的露营景观资源的观赏质量、露营地的敏感程度、露营方式及露营人数等纳入管理范畴，以此建议管理上对露营地环境改变程度的权限，包括维持、保留、部分保留及最大限度地改变露营环境的管理标准等。影响管理理念是指在控制露营群体密度，避免对自然生态、生物资源不良影响的基础上划定露营可使用资源的等级程度，并确保提供良好的露营体验环境。在风景管理和影响管理的基础上，统筹谋划露营旅游的经济效益、社会效益及生态效益的最优化，积极构建可持续发展的露营生态管理体系。

　　基于大众露营旅游参与的制约协商提升层面：一是露营旅游产业数字化赋能，提升人们露营制约协商和协商效能。制约协商显著正向影响人们的露营参与，协商效能也可通过动机间接影响露营参与。作为新兴的大众旅游形式，露营参与者经验缺乏、信心不足、协商资源匮乏等现象不可避免。基于数字化赋能的露营旅游能够实现露营旅游云体验、露营旅游价值环节智能交互，其沉浸式体验和场景式消费，成为人们露营信心提升、露营经验及协商资源获取的重要方式。因此，推动露营旅游的数字化转型成为提升人们露营制约协商以及协商效能的重要路径。首先要以露营旅游线上业态创新为核心，突破露营旅游的时空限制，激活露营旅游的消费新模式，凸显露营旅游经验技能"云"覆盖，实现露营旅游体验新升级。其次以数字化露营旅游为方向，提升露营旅游的安全保障能力，增强大众参与露营的信心。最后以高效互动的信息服务平台为依托，基于定位技术和远程医疗的露营旅游智慧系统，以更及明的响应方式、更合理的判断和处置机制有效处置露营旅游中的意外事故。通过智慧化管理、信息化服务及智能化营销，实现露营旅游供给与需求精准匹配，进一步激发露营旅游消费潜能。二是构建智慧露营旅游服务平台，推动露营文化全媒体传播。露营旅游作为一种休闲方式离不开文化的浸润。良好的露营文化对弱化个体制约和人际制约具有积极的影响，对大众旅游生态意识提升、协商资源共享、露营经验技能传播也具有重要的推动作用。随着全媒体时代的到来，信息传播环境发生了根本性改变，全媒体传播成为发展主流。因此，一方面，要依托大数据技术加快构建智慧露营旅游服务平台，利用现代信息手段，生产、整合优质露营文化资源，通过发挥其可视、交互性强等优势，在强调服务大众的同时，注重个性化、精准化和深层次服务的拓展，打造开源、便捷、可共建共享的露营文化服务格局。另一方面，智慧露营旅游服务平台构建应以提高平台服务效能为抓手，注重与成熟的全媒体平台有效协作，宣传推广露营服务资源，打造全媒体融合的服务推广宣传链，增强文化新媒体平台用户黏度，完善社交互动功能，提升露营文化新媒体平台的传播力和影响力，实现露营文化服务推广策略不断升级。

8.3 研究创新

在量表修订的基础上，模型拓展构建了大众露营旅游制约因素对露营参与的影响和制约因素的交互作用。交互作用分析包括两个维度：一是结构性的机会制约、管理制约、环境制约及社会制约对于个体制约和人际制约的影响作用；二是制约因素间可能存在的交互作用。结构性制约对个体制约和人际制约的构建分析有助于理解个体露营偏好形成的社会影响机制；制约因素间的交互作用构建分析，能更全面地对人们露营参与的制约机制进行深入理解。本书也从实证层面明晰了管理制约对当前人们露营旅游参与的制约协商的促进，从而摆脱了以往研究关于制约促进协商的笼统结论。

休闲制约的研究在我国尚属于起步发展阶段，特别是针对某一领域开展的休闲制约和制约协商的实证案例研究更为少见。对于露营旅游参与的制约因素、制约协商策略的探讨及制约协商模型的构建尚属首次。因此，将国外休闲制约的研究理论、范式和方法应用于中国文化背景下露营旅游参与的制约因素分析、制约协商策略探讨及制约协商模型构建无疑为本书的研究提供了创新的可能性。

8.4 研究局限

本书仅对露营参与者进行了研究，基于目前我国露营旅游的发展现状未对非露营者进行研究。由于露营在我国起步较晚且属于小众体育旅游项目（2020年被众多露营爱好者和从业者称为"中国露营元年"），对于大多数未参与者而言，其对露营旅游了解不充分或暂未接触，所以其制约因素就无从谈起。从个体制约和人际制约层面探讨影响露营偏好的制约因素；从参与角度探析结构性制约因素，显然不符合实际，失去了研究意义，故本书仅对露营参与者进行研究。

由于本书的横断面设计，不能进一步验证时间纵向维度上我国大众露营旅游参与的制约因素是否有所变化，也不能验证制约、动机、制约协商及协商效能之间的关系是否随时间的推移而呈现变动。这方面的研究需要长期并投入更大的科研精力进行深入研究。因此，关于制约和协商的研究有其特定的时空限制，而非具有普适性（Son et al.，2008）。

样本未能覆盖所有年龄段群体。目前，我国露营旅游参与的主要群体为中青年群体。由于露营旅游户外昼夜时间跨度大，低龄露营参与者一般都是以家庭露营的形式出游，调查问卷一般由家长回复。此外，由于露营旅游还未在大众层面普及，老龄露营参与者寥寥无几。所以，对于制约因素和制约协商的研究未能全面探究不同年龄段人群的特点。不同年龄段露营旅游参与群体的制约和制约协商不尽相同，对他们的研究显然是有价值的。

8.5 研究展望

随着露营旅游的进一步普及，扩大研究对象范围，对露营非参与者进行研究，探析非参与者的个体、人际及其他方面的制约因素和制约协商策略，挖掘非露营者潜在的消费需求，供给策略更多地倾向于关注非露营者，从而激发更大范围的消费潜力，推动露营旅游的进一步提质扩容。

关注不同群体露营者的制约研究。随着露营旅游在我国的不断发展与普及，可将露营旅游制约研究聚焦到不同群体。如家庭露营作为露营群体的重要部分需要予以关注。此外，受家庭露营影响及在研学旅行的普及推动下，青少年群体露营参与的制约也成为研究的又一重要领域。通过青少年应对露营参与的制约所表现出的协商策略研究，对推动青少年活动参与、健康水平提升具有重要的现实意义。

个体在不同的生命阶段，其面临或是感知到的露营参与制约不尽相同。健康制约因素可能与年龄有关，经济制约因素可能与就业有关，而经验会产生新的协商策略（Chen and Petrick，2016）。由此，对于不同生命阶段露营参与的制约因素探讨以及动机、协商、制约和露营参与之间关系的进一步探析，有助于了解不同年龄段群体露营参与的制约因素和不同的协商策略，为相关露营旅游机构服务不同人群提供参考依据。

参考文献

［1］［美］阿尔伯特·班杜拉．思想和行动的社会基础—社会认知论［M］．林颖，等译．上海：华东师范大学出版社，2018．

［2］［加］埃德加·杰克逊．休闲的制约［M］．凌平，等译．杭州：浙江大学出版社，2009．

［3］夏征农，陈至立．辞海（第六版）［M］．上海：上海辞书出版社，2011．

［4］［美］道格拉斯·克雷伯，戈登·沃克，罗杰·曼内尔．休闲社会心理学（第 2 版）［M］．陈美爱，译．杭州：浙江大学出版社，2014．

［5］马继兴．旅游心理学［M］．北京：清华大学出版社，2010．

［6］［美］摩尔·德莱维尔，等．户外游憩——自然资源游憩机会的供给与管理［M］．李健，译．天津：南开大学出版社，2012．

［7］黄海燕，张林．体育旅游［M］．北京：高等教育出版社，2016．

［8］费孝通．乡土中国［M］．北京：人民出版社，2015．

［9］谭玉梅．美国汽车露营发展研究［M］．成都：四川大学出版社，2015．

［10］曾博伟，张晓宇．体育旅游发展新论［M］．北京：中国旅游出版社，2018．

［11］白鹤举．生态旅游露营环境责任行为研究——戴维·A．芬内尔《生态旅游》探微［J］．新闻爱好者，2019（6）：114-115．

［12］陈楠，苗长虹．节事举办地居民休闲制约、休闲动机与节事参与结构模型研究——以开封清明文化节为例［J］．旅游论坛，2015，8（5）：19-25．

［13］胡秋红．我国亲子露营旅游市场的发展机遇与前景展望［J］．中国市场，2018（16）：129-130．

［14］盖瑞·奇克，董二为．中国六城市休闲制约因素研究——以民族志学

的方法 [J]．浙江大学学报（人文社会科学版），2009，39（1）：31-42．

[15] 戈登·沃克，梁海东．"综合休闲参与理论框架"及其对跨文化休闲研究的影响 [J]．浙江大学学报（人文社会科学版），2012，42（1）：13-30．

[16] 高林安，李蓓，刘继生，梅林．欧美国家露营旅游发展及其对中国的启示 [J]．人文地理，2011，26（5）：24-28．

[17] 高红香．我国汽车露营发展战略分析 [J]．体育研究与教育，2011，26（2）：21-23．

[18] 侯平平，姚延波．城市老年人旅游制约结构维度及作用机理——基于扎根理论的研究 [J]．旅游科学，2021，35（6）：92-107．

[19] 胡谍，朱立新．新冠疫情影响下的城市老年人休闲活动及休闲制约 [J]．老龄科学研究，2021，9（3）：42-54．

[20] 黄民臣，廖佰翠，陈园园，等．徒步休闲制约因素的类型与差异研究——以宁波市北山游步道为例 [J]．资源开发与市场，2021，37（4）：492-497．

[21] 黄圣霞，玉雪．柳州自驾车露营旅游发展研究 [J]．广西农学报，2017，32（6）：52-55．

[22] 黄平芳．露营活动对山地草甸植被的影响——以武功山景区为例 [J]．草地学报，2017，5（25）：45-50．

[23] 何秉灿，颜克典，陈意勤．露营者休闲效益，游憩专门化与游憩环境偏好关系之研究——以六龟地区之露营地为例 [J]．休闲运动管理学刊，2019，5（2）：11-21．

[24] 贺伟．汽车露营体验特殊的户外生活 [J]．森林与人类，2016（10）：48-51．

[25] 郝娜，李东成，丁彤彤，等．中外汽车营地对比研究 [J]．旅游纵览（下半月），2017（1）：46-48．

[26] 焦玲玲，章锦河．我国露营旅游发展与安全问题分析 [J]．经济问题探索，2009，4（4）：92-92．

[27] 俊丽．2005首届中国汽车露营大会召开 [J]．商用汽车，2005（6）：82．

[28] 赖雄麟，于彦宾．新发展格局下需求侧管理的困境与出路 [J]．理论探讨，2021（3）：108-113．

［29］李俊. 自驾车露营地引领休闲旅游新潮流［J］. 当代经济，2016（36）：68-69.

［30］刘峰，柏智勇. 森林公园发展露营旅游研究［J］. 旅游纵览（下半月），2018（5）：40-41.

［31］李东成，郝娜. 山东省汽车自驾游线路及露营地开发研究［J］. 山东师范大学学报（自然科学版），2017，32（3）：101-107+114.

［32］刘松，楼嘉军. 休闲约束与游憩专业化结构关系研究——以露营爱好者为例［J］. 浙江工商大学学报，2016（5）：87-96.

［33］李凤，汪德根. 基于游客网络点评的房车营地发展影响因素和机理——以苏州太湖房车露营公园为例［J］. 地理与地理信息科学，2019，35（2）：135-140.

［34］刘华先，杨兆萍，王璞蓉，等. 基于GIS的山地自然遗产露营适宜度分析——以新疆天山遗产库尔德宁为例［J］. 干旱区研究，2016（4）：843-850.

［35］李东，王玉清，陈玥彤，等. 社区嵌入式目的地居民主观幸福感探测与亲旅游行为研究——正、负影响感知的调节效应［J］. 地域研究与开发，2020，39（4）：109-114.

［36］李慧. 国内入藏游客的旅游制约实证研究［J］. 社会科学家，2016（4）：102-106.

［37］梁静. 停宿青山绿水之间关于房车营地的介绍［J］. 世界汽车，2006（12）：132-135.

［38］刘海燕，闫荣双，郭德俊. 认知动机理论的新进展——自我决定论［J］. 心理科学，2003，26（6）：1115-1116.

［39］林泓. 城市居民体育健身休闲参与的制约协商机制研究［D］. 福州：福建师范大学，2019.

［40］马江涛，李树旺，李京律，等. 大众冰雪运动参与休闲限制对变通策略的影响研究［J］. 沈阳体育学院学报，2021，40（1）：116-124.

［41］倪欣欣，马仁锋，吴丹丹，等. 露营旅游在中国：研究动态与挑战［J］. 四川旅游学院学报，2016（5）：46-50.

［42］农丽媚，杨锐. 历程与特征：欧美度假旅游研究［J］. 装饰，2019（4）：18-21.

［43］范云峰. 女性旅游安全需求与消费行为研究［J］. 湖北社会科学，

2011 (8)：95-97.

[44] 潘煜，高丽，张星，等．中国文化背景下的消费者价值观研究——量表开发与比较 [J]．管理世界，2014 (4)：90-106.

[45] 潘澜，林璧属，方敏，等．智慧旅游背景下旅游 APP 的持续性使用意愿研究 [J]．旅游学刊，2016，31 (11)：65-73.

[46] 裴小雨．女性旅游市场的消费行为研究 [J]．智库时代，2017 (12)：296-298.

[47] 乔小燕．基于人口统计特征的女性旅游者安全感知差异研究 [J]．天津中德应用技术大学学报，2019 (3)：114-119.

[48] 邱亚君．基于文化因素的中国女性休闲限制模型构建 [J]．中国体育科技，2007 (4)：10-14+22.

[49] 邱亚君，许娇．女性休闲体育限制因素特点及其与行为的关系研究 [J]．体育科学，2014，34 (1)：75-82.

[50] 邱亚君．休闲体育行为发展阶段限制因素研究——一个假设性理论框架 [J]．体育科学，2008 (1)：71-75+81.

[51] 邵雪梅．我国城市中间阶层体育休闲特征研究 [J]．北京体育大学学报，2013，36 (12)：23-29.

[52] 施林颖，林岚，邱妍，万萍萍．国外休闲制约研究的特征与展望——基于 *Journal of Leisure Research*、*Leisure Sciences*、*Journal of Park and Recreation Administration* 期刊 [J]．亚热带资源与环境学报，2014，9 (3)：35-44+95.

[53] 孙晓东，徐美华，侯雅婷．中国邮轮游客的出游限制与行为意向研究 [J]．旅游科学，2019，33 (4)：70-84.

[54] 宋瑞，沈向友．我国国民休闲制约：基于全国样本的实证分析 [J]．北京第二外国语学院学报，2014，36 (1)：1-15.

[55] 谭建共，严宇文．大学生户外运动休闲限制与参与行为的研究 [J]．武汉体育学院学报，2018，52 (8)：38-42.

[56] 谭玉梅．基于中美比较基础上的中国汽车露营 SWOT 分析及其发展构想 [J]．中国市场，2015a (11)：98-100.

[57] 谭玉梅．美国户外休闲教育及其启示——以美国汽车露营发展为例 [J]．开封教育学院学报，2015b，35 (4)：255-256.

[58] 谭波，王丽娟．基于多群组结构方程模型的上海市大学生体育旅游参

与行为动机研究［J］．吉林体育学院学报，2021，37（5）：47-55.

［59］王茹．女大学生休闲体育限制、行为及休闲体育满意度的关系研究［D］．武汉：华中师范大学，2019.

［60］易亚玲．森林汽车露营度假是森林旅游度假的重要形式［J］．森林与人类，2016（10）：46-47.

［61］吴楚材．论中国野营区的开发建设［J］．旅游学刊，1997（5）：36-39.

［62］吴思阳，李凌．日本露营活动发展及启示研究［J］．体育科技文献通报，2018，26（11）：167-171.

［63］王兆谦，邹远亮．体育旅游时代下贵州省自驾车露营场地建设研究［J］．体育科技文献通报，2016，24（11）：141-143.

［64］王玮，黄震方．休闲制约研究综述［J］．桂林旅游高等专科学校学报，2006（3）：370-374.

［65］王江红．汽车露营运动的发展研究——基于休闲体育的视角［J］．吉林体育学院学报，2012，28（4）：38-40.

［66］王铁新，王琨．中年群体参与休闲体育行为的限制性因素分析——以山西省为例［J］．体育研究与教育，2016，31（6）：26-32.

［67］王玮，黄震方．休闲制约研究综述［J］．桂林旅游高等专科学校学报，2006（3）：370-374.

［68］王术通．汽车露营喜忧几何［J］．投资北京，2014（8）：30-32.

［69］王四海，郭方斌，Alex Russ，等．美国露营活动流行原因分析及对我国的启示［J］．世界地理研究，2016，25（1）：115-124.

［70］王春枝，斯琴．德尔菲法中的数据统计处理方法及其应用研究［J］．内蒙古财经学院学报（综合版），2011，9（4）：92-96.

［71］翁清雄，胡啸天，陈银龄．职业妥协研究：量表开发及其对职业承诺与工作倦怠的预测作用［J］．管理世界，2018（4）：113-126.

［72］武瑞娟，李东进．积极消费行为——概念与量表开发［J］．管理科学，2009，22（5）：72-80.

［73］王笑宇．经济新发展格局下中国文化旅游投资变化及趋势［J］．旅游学刊，2021，36（1）：7-9.

［74］温忠麟，叶宝娟．中介效应分析：方法和模型发展［J］．心理科学进

展，2014，22（5）：731-745.

［75］王传伟，郭锋，江泽平，孙晓梅．美国的户外游憩资源管理［J］．世界林业研究，2008（2）：63-67.

［76］杨丹，张西林．城市社会适应性对新市民休闲限制的影响——以广州市为例［J］．城市问题，2018（12）：97-103.

［77］杨明．我国度假体育参与者现状研究［J］．体育与科学，2011，32（6）：22-27+41.

［78］杨忆妍．中国特色的汽车露营公园建设——以北京国际汽车露营公园为例［J］．南方建筑，2013（6）：73-76.

［79］杨雅莹．中国发展露营旅游的思考［J］．经济研究导刊，2011（24）：174-175.

［80］袁维，张杰，谭继强，等．基于GIS的朗乡自然保护区露营旅游地适宜度空间格局［J］．应用生态学报，2015，26（9）：2785-2793.

［81］张剑，张微，宋亚辉．自我决定理论的发展及研究进展评述［J］．北京科技大学学报（社会科学版），2011，27（4）：131-137.

［82］张象，赵祥，蒋雯，等．中国女性休闲体育限制因素研究［J］．成都大学学报（社会科学版），2008（1）：24-26.

［83］周静，周伟．休闲限制理论对大学生锻炼行为阻碍因素的探究［J］．南京体育学院学报（社会科学版），2009，23（1）：49-53+104.

［84］周良君，项明强，陈小英，等．测试休闲限制协商模型：中国马拉松参与行为研究［J］．体育科研，2019，40（5）：1-8.

［85］张晓磊．新冠肺炎疫情下我国体育旅游产业困境应对与高质量发展前瞻［J］．沈阳体育学院学报，2021，40（1）：16-22+78.

［86］张晓磊，李海．推动我国体育旅游产业发展的若干问题探析［J］．中州学刊，2021（4）：21-26.

［87］曾秀芹，石忠海，林绚晖．冒险性户外运动的限制因素和协商策略研究［J］．体育科学，2016，36（12）：85-93.

［88］周文婷，田海波，邱亚君．马拉松跑者深度休闲限制变通策略的质性研究［J］．武汉体育学院学报，2017，51（11）：80-84.

［89］张宏磊，张捷．中国传统文化景观体验的限制因素研究——以书法景观为例［J］．旅游学刊，2012，27（7）：28-34.

［90］张婷，覃林华．桂林发展露营旅游初探［J］．旅游论坛，2009，2（6）：917-921.

［91］翟水保．汽车露营发展研究［J］．体育文化导刊，2010（8）：18-21.

［92］张督成，徐彬超．户外运动中气象学的应用研究——以露营为例［J］．运动精品，2020，39（1）：56-58.

［93］张程锋．基于服务蓝图技术的汽车露营服务质量提升策略——以上海海湾房车露营地为例［J］．体育科研，2021，42（4）：99-104.

［94］张美菊．中国旅游业发展新的经济增长点——自驾房车露营旅游［J］．汽车纵横，2019（7）：50-53.

［95］朱志强，林岚，施林颖，万萍萍．城市居民体育健身休闲制约与休闲参与的影响关系——基于福州市的实证分析［J］．旅游学刊，2017，32（10）：115-126.

［96］周美静，邓昭明，许春晓．旅游感知制约对出游行为的影响机理［J］．怀化学院学报，2021，40（2）：35-43.

［97］赵书松，张旭．中国文化情境下道德基础的内在结构与量表开发研究［J］．管理学报，2021，18（10）：1473-1482.

［98］周琇璐．休闲区隔：中国居民休闲参与的社会分层机制及其代际差异研究［J］．四川轻化工大学学报（社会科学版），2020，35（6）：17-36.

［99］管菲颖．上海市自行车旅游者的参与动机与限制研究［D］．上海：上海体育学院，2020.

［100］李罕梁．国内游客的出游需求和行为影响机制——基于旅行生涯模式、感知限制、态度和重游意愿的实证研究［D］．杭州：浙江大学，2015.

［101］曾芬．工作、生活目标与休闲参与之研究［D］．台中：私立东海大学社会学研究所，1988.

［102］吴迪．上海市新生代农民工城市融合对体育休闲参与的影响研究［D］．上海：上海体育学院，2019.

［103］吴冰倩．观赏型体育旅游者的观赛动机与限制因素对参与意愿的影响研究——以上海ATP网球大师赛为例［D］．上海：上海体育学院，2019.

［104］杨姣姣．日照滨海自驾车旅游限制因素研究［D］．曲阜：曲阜师范大学，2016.

［105］中央政府门户网站．国务院办公厅关于进一步促进旅游投资和消费的

若干意见［EB/OL］.［2019－11－19］. http：//www. gov. cn/zhengce/content/2015－08/11/content_ 10075. htm.

［106］国家旅游局. 关于促进自驾车旅居车旅游发展的若干意见［EB/OL］.［2019－11－19］. http：//www. cnta. gov. cn/zwgk/tzggnew/gztz/201611/t20161109_788686. shtml.

［107］中央政府门户网站. 国务院办公厅关于加快发展健身休闲产业的指导意见［EB/OL］.［2019－11－19］. http：//www. gov. cn/zhengce/content/2016－10/28/content_5125475. htm.

［108］中央政府门户网站. 国务院办公厅印发《体育强国建设纲要》［EB/OL］.［2019－11－19］. http：//www. gov. cn/xinwen/2019－09/02/content_5426540. htm.

［109］中央政府门户网站. 国务院办公厅关于促进全民健身和体育消费推动体育产业高质量发展的意见［EB/OL］.［2019－11－19］. http：//www. gov. cn/zhengce/content/2019－09/17/content_ 5430555. htm.

［110］中央政府门户网站. 国务院印发《全民健身计划（2021—2025 年）》［EB/OL］.［2021－08－04］. http：//www. gov. cn/xinwen/2021－08/03/content_5629234. htm.

［111］中国旅游研究院. 中国旅游研究院和马蜂窝旅游联合发布《中国体育旅游消费大数据报告（2021）》［EB/OL］.［2021－08－05］. http：//www. cta-web. org. cn/cta/ztyj/202107/648dc09d1ff84677b31902eecca72f76. shtml.

［112］中国经济网. 国际货币基金组织报告：中国经济增长从依赖出口转向内需驱动［EB/OL］.［2019－11－19］. https：//baijiahao. baidu. com/s？id＝1639449434292786204&wfr＝spider&for＝pc.

［113］麦肯锡报告. 世界对中国经济依存度有所上升［EB/OL］.［2019－12－12］. http：//paper. people. com. cn/rmrb/html/2019－07/07/nw. D110000 renmrb_20190707_2－03. htm.

［114］江小涓. 促进体育消费　推动体育产业高质量发展［EB/OL］.［2019－11－10］. https：//www. sohu. com/a/342475046_99900941.

［115］中国青年报. 体育产业正在"加速跑"体育旅游成国庆假期新宠［EB/OL］.［2019－11－10］. https：//baijiahao. baidu. com/s？id＝1646985159047087242&wfr＝spider&for＝pc.

［116］国家体育总局.《2020 汽车自驾运动营地行业发展报告》正式发布

［EB/OL］．［2021-8-30］．http：//www. sport. gov. cn/n316/n337/c995746/content. html.

［117］新京报．新式露营兴起！前5月我国露营地相关企业注册量暴涨286. 5%［EB/OL］．［2021-08-05］．https：//baijiahao. baidu. com/s？id = 1701 880384845835047&wfr = spider&for = pc

［118］央广网．为潜力巨大的消费市场培育强大新动能——做好扩大消费需求的事［EB/OL］．［2019-10-05］．http：//www. xinhuanet. com/2019-08/06/c_1124840543. htm.

［119］中央政府门户网站．李克强主持召开国务院常务会议部署推进消费扩大和升级促进经济提质增效［EB/OL］．［2019-10-05］．http：//www. gov. cn/guowuyuan/2014-10/29/content_2772258. htm

［120］中国旅游研究院．中国旅游研究院和马蜂窝旅游联合发布《中国体育旅游消费大数据报告（2021）》［EB/OL］．［2021-08-05］．http：//www. ctaweb. org. cn/cta/ztyj/202107/648dc09d1ff84677b31902eecca72f76. shtml.

［121］国家文化和旅游局．旅游行业标准LB/T 078-2019自驾车旅居车营地质量等级划分［EB/OL］．［2019-11-19］．https：//www. mct. gov. cn/whzx/zxgz/wlbzhgz/201909/t20190905_846150. htm.

［122］国家统计局．第七次全国人口普查公报（第四号）［EB/OL］．［2021-11-19］．http：//www. stats. gov. cn/tjsj/zxfb/202105/t20210510_1817 180. html.

［123］Ajzen I. The theory of planned behavior［J］．Organizational Behavior & Human Decision Processes，1991，50（2）：179-211.

［124］Ajzen I，Driver B L. Prediction of leisure participation from behavioral，normative，and control beliefs：An application of the theory of planned behavior［J］．Leisure Sciences，1991，13（3）：185-204.

［125］Antaihao，et al.，An exploratory study on safety constraints among the interference factors for Activation of outdoor camping［J］．Korean Journal of Sports Science，2019，28（1）：607-633.

［126］Alexandris K，Carroll B. Demographic differences in the perception of constraints on recreational sport participation：Results from a study in Greece［J］．Leisure Studies，1997，16（2）：107-125.

［127］ Auster, Carol J. Transcending potential antecedent leisure constraints: The case of women motorcycle operators ［J］. Journal of Leisure Research, 2001, 33 (3): 272-298.

［128］ Aaker D A, Bagozzi R P. Unobservable variables in structural equation models with an application in industrial selling ［J］. Journal of Marketing Research, 1979, 16 (2): 147-158.

［129］ Alexandris K, Tsorbatzoudis C, Grouios G. Perceived constraints on rec-reational sport participation: Investigating their relationship with intrinsic motivation, extrinsic motivation, and amotivation ［J］. Journal of Leisure Research, 2002, 34 (3): 233-252.

［130］ Bandura A. Self-efficacy: Toward a unifying theory of behavioral change. ［J］. Psychol Review, 1977, 84 (4): 139-161.

［131］ Bandura A, Adams N E. Analysis of self-efficacy theory of behavioral change ［J］. Cognitive Therapy & Research, 1977, 1 (4): 287-310.

［132］ Bandura A. Fearful expectations and avoidant actions as coeffects of per-ceived self-inefficacy ［J］. American Psychologist, 1986, 41 (12): 1389-1391.

［133］ Boothby J, Tungatt M F, Townsend A R. Ceasing participation in sports activity: Reported reasons and their implications ［J］. Journal of Leisure Research, 1981, 13 (1): 1-14.

［134］ Brown S E, Katcher A H. The contribution of attachment to pets and at-tachment to nature to dissociation and absorption ［J］. Dissociation Progress in the Dis-sociative Disorders, 1997, 10 (2): 125-129.

［135］ Bargh J A, Gollwitzer P M. Environmental control of goal-directed action: Automatic and strategic contingencies between situations and behavior ［J］. Nebr Symp Motiv, 1994 (41): 71-124.

［136］ Brooker E, Joppe M. Trends in camping and outdoor hospitality—An inter-national review ［J］. Journal of Outdoor Recreation & Tourism, 2013 (3): 1-6.

［137］ Brooker E, Joppe M, Davidson M C G, et al. Innovation within the aus-tralian outdoor hospitality parks industry ［J］. International Journal of Contemporary Hospitality Management, 2012, 24 (5): 682-700.

［138］ Beard J G, Ragheb M G. Measuring leisure motivation ［J］. Journal of

Leisure Research, 1983, 15 (3): 219-228.

[139] Brochado A, Pereira C. Comfortable experiences in nature accommodation: Perceived service quality in glamping [J]. Journal of Outdoor Recreation and Tourism, 2017 (17): 77-83.

[140] Bagozzi R P, Yi Y. On the evaluation of structural equation models [J]. Journal of the Academy of Marketing Science, 1988, 16 (1): 74-94.

[141] Bollen K A, Stine R A. Bootstrapping goodness-of-fit measures in structural equation models [J]. Sociological Methods & Research, 1992, 21 (2): 205-229.

[142] Catton W R, Mitchell R G. Mountain experience: The psychology and sociology of adventure [J]. Canadian Journal of Sociology, 1983, 10 (3): 318.

[143] Caldicott R, Jenkins J, Scherrer P. Where-ever I park my RV, that's my home: Freedom camping and local community tensions in eastern Australiat [M]. New York: Routledge, 2018.

[144] Carter R W B, Tindale N, Brooks P, et al. Impact of camping on ground and beach flow water quality on the eastern beach of K' gari-Fraser Island: A preliminary study [J]. Australasian Journal of Environmental Management, 2015, 22 (2): 216-232.

[145] Casper J M, Bocarro J N, Kanters M A, et al. Measurement properties of constraints to sport participation: A psychometric examination with adolescents [J]. Leisure Sciences, 2011, 33 (2): 127-146.

[146] Catton W R, Mitchell R G. Mountain Experience: the psychology and sociology of adventure [J]. Canadian Journal of Sociology, 1983, 10 (3): 318.

[147] Carroll B, Alexandris K. Perception of constraints and strength of motivation: Their relationship to recreational sport participation in greece [J]. Journal of Leisure Research, 1997, 29 (3): 279-299.

[148] Chin W W. Issues and opinion on structural equation modeling [J]. Management Information Systems Quarterly, 1998, 22 (1): 7-16.

[149] Coble T G, Selin S W, Erickson B B. Hiking alone: Understanding fear, negotiation strategies and leisure experience [J]. Journal of Leisure Research, 2003, 35 (1): 1-22.

[150] Collins D, Kearns R, Bates L, et al. Police power and fettered freedom: Regulating coastal freedom camping in New Zealand [J]. Social & Cultural Geography, 2018, 19 (7): 894-931.

[151] Cole D N. Impacts of hiking and camping on soils and vegetation: A review. In R. Buckley (Ed.), environmental impacts of ecotourism [M]. New York: CABI Publishing, 2004.

[152] Crawford D W, Godbey G. Reconceptualizing barriers to family leisure [J]. Leisure Sciences, 1987, 9 (1): 119-127.

[153] Crawford, Duane W, Jackson, Edgar L, Godbey, Geoffrey. A hierarchical model of leisure constraints [J]. Leisure Sciences, 1991, 13 (4): 309-320.

[154] Craig C A. The weather-proximity-cognition (WPC) framework: A camping, weather, and climate change case [J]. Tourism Management, 2019, 7 (5): 340-352.

[155] Craig C A. Camping, glamping, and coronavirus in the united states [J]. Annals of Tourism Research, 2021, 89 (7): 1-12.

[156] Crandall R. Motivations for leisure [J]. Journal of Leisure Research, 1980, 12 (1): 45-54.

[157] Curran, Patrick, West J, et al. The robustness of test statistics to nonnormality and specification error in confirmatory factor analysis [J]. Psychological Methods, 1996, 1 (1): 16-29.

[158] Cui Xianxu, Xu Guangfeng. The Relationship between leisure involvement of camping participants and leisure constraints negotiation [J]. The Korean Journal of Physical Education, 2016, 55 (5): 539-548.

[159] Dave D. White. A structural model of leisure constraints negotiation in outdoor recreation [J]. Leisure Sciences, 2008, 30 (4): 342-359.

[160] Dickinson J E, Hibbert J F, Filimonau V. Mobile technology and the tourist experience: (Dis) connection at the campsite [J]. Tourism Management, 2016 (57): 193-201.

[161] Doll W J, Xia W, Torkzadeh G. A confirmatory factor analysis of the end-user computing satisfaction instrument [J]. Management Information Systems Quarterly, 1994, 18 (4): 453-461.

[162] Francken D A, Raaij W F V, Verhallen T M M. Satisfaction with leisure activities [J]. Journal of Leisure Research, 1981, 13 (4): 337-352.

[163] Floyd M F, Shinew K J, Mcguire F A, et al. Race, class, and leisure activity preferences: Marginality and ethnicity revisited [J]. Journal of Leisure Research, 1994, 26 (2): 158-173.

[164] Fieger P, Prayag G, Hall C M, et al. The tourism value of international freedom campers to New Zealand [J]. Tourism Recreation Research, 2020 (45): 265-270.

[165] Fumio, Kikuta, Asaka, et al. Living experience of camping in parents and children: Creating a community where all adults protect and raise all children [J]. Japan Journal of Human Growth and Development Research, 2019 (82): 56-67.

[166] Fornell C, Larcker D F. Evaluating structural equation models with unobservable variables and measurement error [J]. Journal of Marketing Research, 1981, 18 (1): 39-50.

[167] Frederick C J, Shaw S M. Body image as a leisure constraint: Examining the experience of aerobic exercise classes for young women [J]. Leisure Sciences, 1995, 17 (2): 57-73.

[168] Floyd M F, Shinew K J, Mcguire F A, et al. Race, class, and leisure activity preferences: Marginality and ethnicity revisited [J]. Journal of Leisure Research, 1994, 26 (2): 158-173.

[169] Grini J, Arkovi A, Zanketi P. Positioning of tourism in central dalmatia through the development of camping tourism [J]. International Journal of Economic Perspectives, 2010, 4 (3): 525.

[170] Grande K. An exploratory analysis of the camping industry as a provider of attractive resources. The case of outdoor hospitality parks (OHPs) in unattractive regions [J]. Journal of Outdoor Recreation and Tourism, 2021, 33 (3): 1-12.

[171] Godboy G. Leisure in your Life [M]. Pennsylvania: Venture Publishing, 1985.

[172] Godbey, Geoffrey, Crawford, Duane W, Shen, Xiangyou Sharon. Assessing hierarchical leisure constraints theory after two decades [J]. Journal of Leisure Research, 2010, 42 (1): 111-134.

［173］Ghimire R, Green G T, Poudyal N C, et al. An analysis of perceived constraints to outdoor recreation ［J］. Journal of Park & Recreation Administration, 2014, 32 (4): 52-67.

［174］Gilbert D, Hudson S. Tourism demand constraints: A skiing participation ［J］. Annals of Tourism Research, 2000, 27 (4): 906-925.

［175］Hubbard J, Mannell R C. Testing competing models of the leisure constraint negotiation process in a corporate employee recreation setting ［J］. Leisure Sciences, 2001, 23 (3): 145-163.

［176］Hinch T D, Jackson E L. Leisure constraints research: Its value as a framework for understanding tourism seasonability ［J］. Current Issues in Tourism, 2000, 3 (2): 87-106.

［177］Hassell S, Moore S A, Macbeth J. Exploring the motivations, experiences and meanings of camping in national parks ［J］. Leisure Sciences, 2015, 37 (3): 269-287.

［178］Hewer M J, Scott D J, Gough W A. Tourism climatology for camping: A case study of two Ontario parks (Canada) ［J］. Theoretical and Applied Climatology, 2014, 117 (3-4): 401-411.

［179］Hewer M J, Scott D J, Gough W A. Differential temperature preferences and thresholds among summer campers in Ontarios southern provincial parks: A Canadian case study in tourism climatology ［J］. Theoretical and Applied Climatology, 2017, 5 (5): 14-28.

［180］Hair J F, Anderson R E, Tatham R L, Black W C. Multivariate data analysis (7th ed.) ［M］. Englewood Cliffs: Prentice Hall, 2009.

［181］Hooper D, Coughlan J, Mullen M. Structural equation modelling: Guidelines for determining model fit ［J］. Electronic Journal of Business Research Methods, 2008, 6 (1): 53-60.

［182］Hudson G S. Tourism demand constraints: A skiing participation ［J］. Annals of Tourism Research, 2000, 27 (4) .906-925.

［183］Henderson K A. The ethic of care: Leisure possibilities and constraints for Women ［J］. Society and Leisure, 1991, 14 (1): 97-113.

［184］Henderson K A, Stalnaker D, Taylor G. The relationship between barriers to recreation and gender-role personality traits for women [J]. Journal of Leisure Research, 1988, 20 (1): 69-80.

[185] Henderson K A, Bialeschki M D. Exploring an expanded model of women's leisure constraints [J]. Journal of Applied Recreation Research, 1993, 18 (1): 229-252.

[186] Henderson K, Bedini L, Hecht L, et al. Women with physical disabilities and the negotiation of leisure constraints [J]. Leisure Studies, 1995, 14 (1): 17-31.

[187] Hayes A F. Beyond Baron, Kenny. Statistical mediation analysis in the new millennium: Communication monographs [J]. Communication Monographs, 2009, 76 (4), 408-420.

[188] Icek A, Driver B L. Application of the theory of planned behavior to leisure choice [J]. Journal of Leisure Research, 1992, 24 (3): 207-224.

[189] Ito E, Walker G J, Liang H. A Systematic review of non-western and cross-cultural/national leisure research [J]. Journal of Leisure Research, 2014, 46 (2): 226-239.

[190] Ito E, Kono S, Walker G J. Development of cross-culturally informed leisure-time physical activity constraint and constraint negotiation typologies: The case of japanese and Euro-Canadian adults [J]. Leisure Sciences, 2020, 42 (5): 411-429.

[191] Jackson E L. Will research on leisure constraints still be relevant in the twenty-first century? [J]. Journal of Leisure Research, 2000, 32 (1): 62.

[192] Jackson E L, Crawford D W, Godbey G. Negotiation of leisure constraints [J]. Leisure Sciences, 1993, 15 (1): 1-11.

[193] Jacob G R, Schreyer R. Conflict in outdoor recreation: A theoretical perspective [J]. Journal of Leisure Research, 1980, 12 (4), 368-380.

[194] Jackson E L, Burton T L. Leisure studies: Prospects for the 21st century [M]. State College, PA: Venture Publishing, 1999.

[195] Jing Bingyun, et al. Effects of camping motivations and constraints on the formation of camping site attachment [J]. The Korean Journal of Sport, 2017, 15 (3): 1-11.

［196］Jackson E L. Constraints to Leisure ［M］. State College, PA: Venture Publishing, 2005.

［197］Jackson E L, Henderson K A. Gender-based analysis of leisure constraints ［J］. Leisure Sciences, 1995, 17 (1): 31-51.

［198］Jackson E L. Variations in the desire to begin a leisure activity: Evidence of Antecedent Constraints? ［J］. Journal of Leisure Research, 1990, 22 (1): 55-70.

［199］Johnson C Y, Bowker J M, Cordell H K. Outdoor recreation constraints: An examination of race, gender, and rural dwelling ［J］. Southern Rural Sociology, 2001, 17 (1): 111-133.

［200］Jackson E L, Searle M S. Recreation non-participation and barriers to participation: Concepts, and models ［J］. Loisir Et Societe, 1985, 8 (2): 693-707.

［201］Jackson E L. Recognizing patterns of leisure constraints: Results from alternative analyses ［J］. Journal of Leisure Research, 1993, 25 (2): 129-149.

［202］Jackson E L, Rucks V C. Negotiation of leisure constraints by junior-high and high-school students: An exploratory study ［J］. Journal of Leisure Research, 1995, 27 (1): 85-105.

［203］Jun J, Kyle G T. The effect of identity conflict/facilitation on the experience of constraints to leisure and constraint negotiation ［J］. Journal of Leisure Research, 2011, 43 (2): 176-204.

［204］Jacob G R, Schreyer R. Conflict in outdoor recreation: A theoretical perspective ［J］. Journal of Leisure Research, 1980. 12 (4): 368-380.

［205］John W. Hollender. Motivational dimensions of the camping experience ［J］. Journal of Leisure Research, 1977, 9 (2): 133-141.

［206］Kearns R, Collins D, Bates L. "It's freedom!": Examining the motivations and experiences of coastal freedom campers in New Zealand ［J］. Leisure Studies, 2016 (3): 1-14.

［207］Kay T, Jackson E L. Leisure despite constraint: The impact of leisure constraints on leisure participation ［J］. Journal of Leisure Research, 1991, 23 (2): 301-313.

［208］Kline R B. Principles and practice of structural equation modeling (2nd ed.) [M]. New York: Guilford Press, 2005.

[209] Kim, Hyounggon. Differences of perceived constraints and negotiation strategiesby the level of camping specialization [J]. Journal of Tourism Sciences, 2013, 37 (2): 213-232.

[210] Kenny D A. Confirmatory factor analysis for applied research [M]. New York: Guilford Press, 2006.

[211] Karl M, Sie L, Ritchie B W. Expanding travel constraint negotiation theory: An exploration of cognitive and behavioral constraint negotiation relationships [J]. Journal of Travel Research, 2021 (5): 1-51.

[212] Loucks-Atkinson A, Mannell R C. Role of self-efficacy in the constraints negotiation process: The case of individuals with fibromyalgia syndrome [J]. Leisure Sciences, 2007, 29 (1): 19-36.

[213] Lyu S O, Oh C O. Bridging the conceptual frameworks of constraints negotiation and serious leisure to understand leisure benefit realization [J]. Leisure Sciences, 2015, 37 (2): 176-193.

[214] Lee U I, Pearce P L. Travel motivation and travel career patterns [J]. Journal of Tourism and Leisure Research, 2004, 16 (4): 163-184.

[215] Lee C F. Understanding the factors determining the attractiveness of camping tourism: A hierarchical approach [J]. Tourism Planning and Development, 2020, 17 (5): 556-572.

[216] Lin C, Chuang Y. A study of participation motivation, experience and satisfaction in camping tourists [J]. Open Journal of Applied Sciences, 2021, 11 (2): 190-201.

[217] Leung Y F, Marion J L. Spatial strategies for managing visitor impacts in national parks [J]. Journal of Park & Recreation Administration, 1999, 17 (4): 20-38.

[218] Leah C. Stevenson, et al. Is open defaecation in outdoor recreation and camping areas a public health issue in Australia? A literature review [J]. Health Promotion Journal of Australia, 2020, 31 (3): 525-532.

[219] Locke E A. Social Foundations of thought and action: A social cognitive theory [J]. Academy of Management Review, 1987, 12 (1): 169-171.

［220］ Lee J H, Scott D, Floyd M F. Structural inequalities in outdoor recreation participation: A multiple hierarchy stratification perspective ［J］. Journal of Leisure Research, 2001, 33 (4): 427-449.

［221］ Markus H R, Kitayama S. Culture and the self: Implications for cognition, emotion, and motivation ［J］. Psychological Review, 1991, 98 (2): 224-253.

［222］ Manfredo M J, Driver B L, Tarrant M A. Measuring leisure motivation: A meta-analysis of the recreation experience preference scales ［J］. Journal of Leisure Research, 1996, 28 (3): 188-213.

［223］ Mcquarrie F, Jackson E L. Connections between negotiation of leisure constraints and serious leisure: An exploratory study of adult amateur ice skaters ［J］. Leisure and Society, 1996, 19 (2): 459-483.

［224］ Mackinnon D P, Lockwood C M, Williams J. Confidence limits for the indirect effect: Distribution of the product and resampling Methods ［J］. Multivariate Behavioral Research, 2004, 39 (1): 99-128.

［225］ Moghimehfar F, Halpenny E A. How do people negotiate through their constraints to engage in pro-environmental behavior? A study of front-country campers in Alberta, Canada ［J］. Tourism Management, 2016 (57): 362-372.

［226］ Margaryan L, Fredman P. Natural amenities and the regional distribution of nature-based tourism supply in Sweden ［J］. Scandinavian Journal of Hospitality & Tourism, 2017, 17 (2): 145-159.

［227］ Milohni I, Bonifai J C. Global trends affecting camping tourism: Managerial challenges and solutions ［J］. Tourism and Hospitality Industry, 2014 (5): 380-393.

［228］ Marion J L, Farrell T A. Management practices that concentrate visitor activities: Camping impact management at Isle Royale National Park, USA ［J］. Journal of Environmental Management, 2002, 66 (2): 201-212.

［229］ Mccarville R E, Smale B. Perceived constraints to leisure participation within five activity domains ［J］. Journal of Park & Recreation Administration, 1993 (5): 40-59.

［230］ Mikulić J, Prcbežac D, Šerić M, Darko, et al. Campsite choice and the camping tourism experience: Investigating decisive campsite attributes using relevancedeterminance analysis-Science Direct [J]. Tourism Management, 2017, 59 (5): 226-233.

[231] Norzalita A A, Azmi A A. Identifying the relationship between Travel motivation and lifestyles among malaysian pleasure tourists and its marketing implications [J]. International Journal of Marketing Studies, 2009, 1 (2): 96-106.

[232] Park J, Ellis G D, Kim S S, et al. An investigation of perceptions of social equity and price acceptability judgments for campers in the U. S. national forest [J]. Tourism Management, 2010, 31 (2): 202-212.

[233] Philipp, Steven F. Race and leisure constraints [J]. Leisure Sciences, 1995, 17 (2): 109-120.

[234] Park H S, Levine T R. The theory of reasoned action and self-construal: Evidence from three cultures [J]. Communication Monographs, 1999, 66 (3): 199-218.

[235] Ram Y, Hall C M. The Camp not taken: Analysis of preferences and barriers among frequent, occasional and noncampers [J]. Leisure Sciences, 2020 (4): 1-24.

[236] Ridinger L L, Funk D C, Jordan J S, et al. Marathons for the masses: Exploring the role of Negotiation-Efficacy and involvement on running commitment [J]. Journal of Leisure Research, 2012, 44 (2): 155-178.

[237] Ryan R M, Koestner R, Deci E L. Ego-involved persistence: When free-choice behavior is not intrinsically motivated [J]. Motivation and Emotion, 1991, 15 (3): 185-205.

[238] Raymore L, Godbey G, Crawford D, et al. Nature and process of leisure constraints: An empirical test [J]. Leisure Sciences, 1993, 15 (2): 99-113.

[239] Son J S, Mowen A J, Kerstetter D L. Testing alternative leisure constraint negotiation models: An extension of hubbard and mannell's study [J]. Leisure Sciences, 2008, 30 (3): 198-216.

[240] Sae, Sook, Oh, et al. Analyzing effects on the leisure behavior of golf participants: Focused on chemyon (social face) [J]. Journal of Korean Association of Physical Education & Sport for Girls & Women, 2011, 25 (3): 205-219.

[241] Shinew K J, Floyd M F, Mcguire F A, et al. Gender, race, and subjec-

tive social class and their association with leisure preferences [J]. Leisure Sciences, 1995, 17 (2): 75-89.

[242] Smith C J, Relph E. Place and placelessness [J]. Geographical Review, 1976, 68 (1): 116.

[243] Schneider I E. Leisure constraints and negotiation: Highlights from the journey past, present, and future [M]. State College, PA: Venture Publishing, 2016.

[244] Shaw S M, Bonen A, Mccabe J. Do more constraints mean less leisure? examining the relationship between constraints and participation [J]. Journal of Leisure Research, 1991, 23 (4): 286-300.

[245] Shariat S V, Asad E A, Ali R N, et al. Age rating of computer games from a psychological perspective: Adelfi study [J]. Advances in Cognitive Science, 2009, 11 (2): 8-18.

[246] Scott D. The problematic nature of participation in contract bridge: A qualitative study of group-related constraints [J]. Leisure Sciences, 1991, 13 (4): 321-336.

[247] Segars A H. Assessing the unidimensionality of measurement: A paradigm and illustration within the context of information systems research [J]. Omega, 1997, 25 (1): 107-121.

[248] Schneider, IE, Wilhelm, et al. Coping: An alternative conceptualization for constraint negotiation and accommodation [J]. Leisure Sciences, 2007, 29 (4): 391-401.

[249] Samdahl D M, Jekubovich N J. A critique of leisure constraints: Comparative analyses and understandings [J]. Journal of Leisure Research, 1997, 29 (4): 430-452.

[250] Scherl L M. Self in wilderness: understanding the psychological benefits of individual wilderness interaction through selfcontrol [J]. Leisure Sciences, 1989, 11 (2): 123-135.

[251] Triantafillidou A, Siomkos G. Summer camping an extraordinary, nostalgic, and interpersonal experience [J]. Journal of Vacation Marketing, 2013, 19 (3): 197-208.

[252] Tsai E H, Coleman D J. Leisure constraints of chinese immigrants: An ex-

ploratory study [J]. Loisir Et Société, 1999, 22 (1): 243-264.

[253] Tian G, Schneider I. Measurement properties and cross-cultural equivalence of negotiation with outdoor recreation constraints: An exploratory study [J]. Journal of Leisure Research 2015, 47 (1): 125-153.

[254] TH Ahn, MA Ryu, YH Park. Activation of outdoor camping [J]. The Korean Society of Sports Science, 2019, 28 (1): 607-633.

[255] Thompson B. Exploratory and confirmatory factor analysis: Understanding concepts and applications [M]. Washington, DC: American Psychological Association, 2004.

[256] Virden B J, Schreyer R. Recreation specialization As an indicator of environmental preference [J]. Environment and Behavior, 1988, 20 (6): 721-739.

[257] Virden R J, Walker G J. Ethnic/racial and gender variations among meanings given to, and preferences for, the natural environment [J]. Leisure Sciences, 1999, 21 (3): 219-239.

[258] Walker G J, Kiecolt K J. Social class and wilderness use [J]. Leisure Sciences, 1995, 17 (4): 295-308.

[259] Walker G J, Deng J, Dieser R B. Ethnicity, acculturation, self-construal, and motivations for outdoor recreation [J]. Leisure Sciences, 2001, 23 (4): 263-283.

[260] Walker G J, Chapman R. Special issue: Sustainable places thinking like a park: The effects of sense of place, perspective-taking, and empathy on pro-environmental intentions [J]. Journal of Park & Recreation Administration, 2003, 21 (4): 71-86.

[261] Walker G J, Jackson E L, Deng J. Culture and leisure constraints: A comparison of canadian and mainland chinese university Students [J]. Journal of Leisure Research, 2007, 39 (4): 567-590.

[262] Whiting J W, Larson L R, Green G T, et al. Outdoor recreation motivation and site preferences across diverse racial/ethnic groups: A case study of Georgia state parks [J]. Journal of Outdoor Recreation & Tourism, 2017 (18): 10-21.

[263] Walker G J, Virden R J. Constraints on outdoor recreation. In E. L. Jackson (Ed.), constraints to leisure [M]. State College, PA: Venture Publish-

ing，2005.

［264］Williams J，Mackinnon D P. Resampling and distribution of the product methods for testing indirect effects in complex models ［J］. Structural Equation Modeling A Multidisciplinary Journal，2008，15（1）：23-51.